AI 전문가 마스터플랜

AI 전문가 마스터플랜

초판 1쇄 발행 2026년 4월 10일

지은이   theD마스터플랜연구소(고영리)
발행인   조상현
마케팅   조정빈
편집인   이명일
디자인   김희진

펴낸곳   더디퍼런스
등록번호   제2018-000177호
주소   경기도 고양시 덕양구 큰골길 33-170
문의   02-712-7927
팩스   02-6974-1237
이메일   thedibooks@naver.com
홈페이지   www.thedifference.co.kr

ISBN   979-11-61255-84-2 (03370)

독자 여러분의 소중한 원고를 기다리고 있으니 많은 투고 바랍니다.

더디퍼런스 출판사는 다른 시선으로 세상을 담는 책을 만듭니다.

더스 | 더디 | 더디퍼런스 | 마이북

십대가 되고 싶은 직업 로드맵

AI 전문가 마스터플랜

theD마스터플랜연구소 지음(고영리)

더 디퍼런스

AI와 함께 일하는 미래, 준비되었나요?

"저는 대체 뭘 해야 할까요?"

요즘 청소년들과 대화하다 보면 자주 듣는 한숨 섞인 질문이다. 예전과 다른 점이 있다면, 이제는 꿈을 묻기보다 생존을 걱정한다는 것이다. "AI가 다 하는데 인간이 할 일이 남아 있을까요?"라는 불안이 그들의 목소리에 묻어난다.

2026년 현재, 우리는 전례 없는 기술 혁명의 한가운데서 있다. 불과 몇 년 전 ChatGPT의 등장으로 시작된 생성형 AI의 물결은 이제 사회 전반을 뒤흔들고 있다. 번역가들은 AI 번역의 정확도에 놀라고, 일러스트레이터들은 AI가 그린 그림의 완성도에 당황한다. 심지어 프로그래머들조차 AI가 생성한 코드를 보며 자신의 미래를 걱정한다. 불과 반년 전(2025년 7월 시점)에는 내가 하는 행동을 고스란히

캐릭터화해서 동영상을 만들어 주는 서비스까지 나와 앞으로 과연 배우들이 설 자리가 있을 것인가에 대한 논쟁까지 불거졌을 정도다. 하지만 이 모든 흐름이 과연, 낯설고 무섭기만 한 것일까? 그동안 이 정도의 혁신적 변화를 한 번도 겪어본 적이 없을까?

아이러니하게도 이런 최첨단 시대를 살기 위해 우리는 과거를 돌아보고 그 안에서 경험에 의한 답을 찾곤 하는데 이번에도 역사는 우리에게 다른 시선의 이야기를 들려주었다.

기술과 인간, 그 오래된 동행

19세기 초, 영국의 직물 공장에서 일하던 노동자들은 기계를 파괴했다. '러다이트 운동'으로 알려진 이 사건은 기술 발전에 대한 인간의 원초적 두려움을 보여준다. 그들은 기계가 자신들의 일자리를 빼앗을 것이라고 믿었다.

그런데 200년이 지난 지금, 우리는 어떤가? 직물 산업은 사라지지 않았고, 오히려 패션 디자이너, 텍스타일 엔지니어, 의류 마케터 등 수많은 새로운 직업이 생겨났다. 기계는 인간을 대체한 것이 아니라, 인간이 더 창의적인 일에 집중할 수 있도록 도왔다.

철학자 마르틴 하이데거가 "기술의 본질은 기술적인 것이 아니다"라고 말한 바 있다. 기술의 진정한 의미는 그것을 사용하는 인간의 목적과 가치에 있다는 뜻이다. AI도 마찬가지다. AI는 단순한 도구가 아니라, 인간의 능력을 확장시키는 새로운 가능성이다. 즉, 생성기가 아닌 증폭기라고 봐야 맞다. 입력값이 있어야 출력값이 나오기에 그 입력값을 넣는 건 어디까지나 사람이라는 것을 잊지 말아야 한다. 그렇기 때문에 직업 역시 발전하고 변하는 것이고 그 '직업'을 지속하게 하는 '일'의 영역과 범위가 달라지는 것뿐이다.

일의 의미를 다시 묻다

그렇다면 일이라는 것은 무엇일까. 이 근본적인 질문에 AI 시대는 새로운 답을 요구한다. 산업혁명 이후 우리는 일을 '생산성'과 '효율성'으로 정의해 왔다. 그러나 AI는 명명백백하게 이 두 가지를 인간보다 잘 해낸다. 그렇다면 AI 시대에 인간의 일은 무엇이 되어야 할까?

아이러니하게도, AI의 등장은 오히려 '인간다움'의 가치를 더욱 부각시킨다. 공감, 창의성, 윤리적 판단, 미적 감각, 마음 나누기와 다정한 공감 등의 인간 고유 능력들이 AI 시대의 핵심 역량이 되고 있다. 실제로 현재 가장 주목받는 AI 관련 직업들을 보면 흥미로운 공통점이 있다. 프롬프트 엔지니어는 AI와 '대화'하는 능력이 필요하고, AI 윤리 전문가는 기술에 '가치'를 부여하며, AI 트레이너는 기계에게 '인간적 맥락'을 가르친다. 모두 기술적 역량과 인문학적 소양이 결합된 직업들이다. 즉, AI가 아무리 발전을 해도 결국 AI에게 자료를 주는 것은 '사람'이라는 것이 핵심이라 할 수 있다.

솔직히 말하자면, 5년 후 어떤 직업이 사라지고 어떤 직업이 생겨날지 정확히 예측하기는 어렵다. 2020년에 팬데믹을 예상한 사람이 얼마나 되었던가? ChatGPT의 등장을 예견한 사람은 또 얼마나 되었던가? 그러나 분명한 것이 있다. 변화를 두려워하며 움츠러드는 것보다, 변화를 이해하고 적응하려는 태도가 더 중요하다는 사실이다. 이 책에서 소개하는 직업들 중 일부는 지금 이 순간에도 진화하고 있다. 어떤 직업은 이름이 바뀔 수도 있고, 어떤 직업은 다른 직업과 융합될 수도 있다. 하지만 그 본질 -AI와 인간이 협력하여 가치를 창출한다는 것- 은 변하지 않을 것이다.

중요한 것은 AI를 활용한 직업을 가진다고 해서 내가 편하게 놀고먹을 수 있는 세상이 오지 않는다는 것이다. AI 개발자가 되려면 수학과 프로그래밍을 깊이 있게 공부해야 하고, 경쟁도 치열하다. 프롬프트 엔지니어는 높은 연봉을 받지만, 끊임없이 변화하는 AI 기술을 따라잡아야 하는 부담이 있다. AI 윤리 전문가는 기술과 철학, 법률을 모두 이해해야 하는 어려운 길이다.

그럼에도 불구하고 이 길을 선택할 가치가 있는 이유는 무엇일까?

첫째, 이들은 단순히 직업이 아니라 시대의 변화를 주도하는 역할이다. AI 시대의 규칙을 만들고, 방향을 제시하며, 문제를 해결하는 사람들이 될 것이다.

둘째, 인간의 존엄성과 가치를 지키는 최전선에 선다. AI가 인간을 위한 도구로 남을 수 있도록, 기술이 인간성을 해치지 않도록 감시하고 조정하는 중요한 임무를 맡는다.

셋째, 끊임없이 배우고 성장할 수 있다. AI 분야는 하루가 다르게 발전하고 있어, 지루할 틈이 없다. 평생 학습자로 살아가기에 최적의 분야다.

소크라테스는 "성찰하지 않는 삶은 살 가치가 없다"고 했다. AI 시대에 이 말은 더욱 중요해진다.

AI가 답을 주는 시대에, 인간의 역할은 올바른 질문을 하는 것이다. "이 기술이 정말 필요한가?", "이것이 인간을 더 행복하게 만드는가?", "우리가 잃는 것은 무엇인가?" 같은 질문들 말이다.

이 책의 각 장을 읽으면서, 단순히 "이 직업이 돈을 많이 버는가?"만 묻지 말기를 바란다. "이 일이 나에게 의미 있는가?", "이 일을 통해 세상에 어떤 기여를 할 수 있는가?",

"나는 어떤 가치를 추구하며 살고 싶은가?"를 함께 고민했으면 좋겠다.

미래학자 앨빈 토플러는 "21세기의 문맹자는 읽고 쓸 줄 모르는 사람이 아니라, 배우고 잊고 다시 배울 줄 모르는 사람"이라고 했다. 이 책이 여러분에게 AI 시대를 살아가는 구체적인 지도가 되기를 바란다. 하지만 더 중요한 것은, 지도 없는 곳에서도 길을 찾아갈 수 있는 용기와 지혜를 기르는 것이다. AI와 함께 일한다는 것은 단순히 새로운 기술을 배우는 것이 아니다. 인간으로서의 정체성을 재정의하고, 일의 의미를 다시 발견하며, 더 나은 미래를 함께 만들어가는 여정이다.

그 여정의 첫 걸음을 지금 시작해 보자.

theD마스터플랜연구소

차례

1장
AI 개발자 마스터플랜

AI 개발자는
어떤 직업이지?

현재를 만들어가는 직업

"이 사진 속 동물이 뭔지 알려줘."

불과 15년 전만 해도 이런 요청은 SF 영화에서나 볼 수 있는 장면이었다. 그러나 지금 우리는 스마트폰에 대고 자연스럽게 이런 질문을 던진다. 인공지능이 사진을 분석해 "골든 리트리버입니다"라고 대답하고, 이어서 "이 견종은 1868년 스코틀랜드에서 처음 탄생했으며…"라며 상세한 정보까지 덧붙인다. 이 모든 것을 가능하게 만든 사람들이 바로 AI 개발자들이다.

2026년 현재, AI 개발자는 IT 업계에서 가장 주목받는 직업 중 하나로 자리 잡았다. 채용 플랫폼 원티드의 2024년 3분기 자료에 따르면, AI 관련 직무에 합격한 개발자의 평균 연봉은 7770만 원으로 비AI 개발자 평균인 7389만 원을 상회했다. 미국에서는 AI 개발자의 평균 연봉이 약 13만 6620달러(약 1억 8000만 원)에 달하며, 이는 미국 전체 평균 연봉의 두 배가 넘는 수준이다. 하지만 AI 개발자라는 직업을 단순히 높은 연봉만으로 정의하는 것은 옳지 않다. 이 직업은 인류의 미래를 설계하는 역할을 맡고 있다. 소위 말해 미래 청사진을 그리는 역할을 하는 사람들이라 생각하면 된다. ChatGPT를 만든 OpenAI의 공동 창업자 샘 올트먼은 "AI가 인간을 위한 도구로 남을 수 있도록 하는 것이 우리의 사명"이라고 말했다. AI 개발자가 된다는 것은 바로 이 사명의 최전선에 서는 것이다.

AI 개발자의 정의와 역할

AI 개발자를 한마디로 정의하자면, 딥러닝 기술을 활용해 AI 제품이나 IT 서비스를 구현하는 전문가라고 할 수 있다. 하지만 이 정의만으로는 AI 개발자가 실제로 무슨 일을 하는지 충분히 설명되지 않는다. AI 개발자는 단순히 코드를 작성하는 사람이 아니라, 데이터를 수집하고 분석하며, AI 모델을 설계하고 최적화하며, 이를 실제 서비스에 배포하는 전 과정을 담당한다. 앞에서 말했듯 큰 청사진을 그리는 사람이라고 생각해야 한다.

예를 들어 쇼핑이나 OTT 채널의 추천 시스템을 생각해 보자. "이 영화를 좋아하셨다면 이 작품도 마음에 드실 거예요"라는 추천이 뜨는 것은 AI 개발자들이 만든 알고리즘 덕분이다. 내가 몇 번 검색한 상품이 기다렸다는 듯 SNS에 계속해서 뜨는 것도 역시 알고리즘이다. 이 알고리즘은 수백만 사용자의 시청 기록, 평점, 시청 시간, 일시정지 횟수까지 분석해서 개인의 취향을 파악한다. 내가 로그인을 한 계정의 연관성과 검색어를 조합해서 내 취향을 파악하고 이를 데이터화하는 것이다. AI 개발자는 이런 데이터를 어떻게 수집하고, 어떤 방식으로 분석하며, 어떤 모델이 가장 정확한 추천을 할 수 있는지 연구하고 구현하게 된다.

AI 개발자의 구체적인 업무

AI 개발자의 업무는 크게 다섯 단계로 나눌 수 있다. 문제를 정의하고 데이터를 수집하고 모델을 설계하며 성능 평가와 최적화를 지나 배포, 운영까지 하는 흐름이다.

제일 처음 하는 문제 정의 단계는 간단하게 말해 질문을 하는 단계이다. AI 프로젝트는 항상 '무엇을 해결할 것인가?'라는 질문에서 시작한다. 예를 들어 병원에서 '환자의 CT 스캔 이미지를 보고 폐암을 조기에 발견할 수 있을까?'라는 문제를 제시할 수 있다. AI 개발자는 이 문제가 AI로 해결 가능한지, 해결하려면 어떤 데이터와 기술이 필요한지 분석하게 된다. 그리고 이 과정에서 두 번째, 데이터 수집으로 넘어가게 된다.

AI는 데이터로부터 패턴을 학습한다. 때문에 좋은 AI를 만들려면 양질의 데이터가 필수다. AI 개발자는 필요한 데이터를 수집하고, 오류나 누락된 값을 처리하며, AI가 학습하기 쉬운 형태로 데이터를 가공한다. 이 과정을 '데이터 전처리'라고 하는데, 실제 AI 개발 시간의 60~80%가 이 단계에 소요될 정도로 중요하다. 이렇게 수집한 데이터는 쉽게 말해 '재료'가 된다. 김치를 만들기 위해 무, 고춧가루, 젓갈, 배추 등을 사서 모아 놓는 단계가 데이터 수집 단계라고 생각하면 된다. 이렇게 모은 데이터는 세 번째 단계인 모델 설계로 넘어간다. 무를 채 썰 것인지 깍둑썰기를 해서 일부 깍두기를 담글 것인지, 갈아서 양념에 넣을 것인지를 결정하고 구분하는 단계라고 생각하면 쉽다.

모델 설계 시, AI 개발자는 문제의 특성에 맞는 AI 모델을 선택하거나 새롭게 설계한다. 이미지 인식에는 합성곱신경망(CNN)이, 언어 처리에는 트랜스포머(Transformer)가 적합하다는 식이다. 모델을 선택한 후에는 준비한 데이터로 모델을 학습시킨다. 이 과정에서 수많은 시행착오를 거치며 최적의 성능을 내는 모델을 찾아간다. 최적의 성능을 찾아낸 후에는 네 번째 단계인 성능 평가와 최적화 단계를 거쳐야 한다. 한마디로 '김치가 잘 되었는지 맛을 보고, 어떤 음식과 어울릴지 조합해 보는' 과정이라고 생각하면 된다. 학습된 모델이 실제로 얼마나 잘 작동하는지 검증하게 되는데 정확도, 처리 속도, 메모리 사용량 등 다양한 지표를 측정하고, 성능이 부족하면 모델을 수정하거나 데이터를 보강한다. 이 과정은 마치 올림픽 선수가 0.01초를 단축하기 위해 훈련하는 것과 비슷하다고 생각하면 된다. 이 0.01초가 AI의 정확도, 활용도를 가름하기에 이 과정은 대단히 중요하다. 마지막으로 배포와 운영 단계가 남아 있다. 완성된 AI 모델을 실제 서비스에 적용하는 과정이다. 웹사이트, 모바일 앱, 또는 자동차의 자율주행 시스템 등에 AI를 통합하는 것이다. 배포 후에도 AI 개발자의 일은 끝나지 않는다. 사용자들의 피드백을 수집하고, 새로운 데이터로 모델을 업데이트하며, 시스템의 안정성을 유지한다.

AI 개발자의 다양한 전문 분야

사실 AI 개발자라고 해서 모두 같은 일을 하는 것은 아니다. AI 분야가 넓어지면서 전문 분야도 세분화가 되고 있다. 가장 많이 알려져 있는 개발자 분야는 머신러닝 엔지니어(Machine Learning Engineer)이다. 머신러닝 엔지니어는 AI

모델을 설계하고 학습시키는 핵심 역할을 담당하는데, 알고리즘에 대한 깊은 이해와 함께 대규모 데이터를 효율적으로 처리하는 기술이 필요하다.

컴퓨터 비전 엔지니어(Computer Vision Engineer)는 AI가 이미지와 동영상을 '보고' 이해할 수 있게 만드는 전문가다. 자율주행차의 물체 인식, 의료 영상 분석, 얼굴 인식 등에 활용되는 기술을 개발한다. 비슷한 사물을 헷갈리지 않게 인지할 수 있게끔 정교화하는 것이 핵심이다.

자연어 처리(NLP) 엔지니어도 최근 그 수요가 늘어나고 있는 직업군이다. AI가 인간의 언어를 이해하고 생성할 수 있게 만드는 전문가인데 ChatGPT, 구글 번역, 음성 비서(시리, 알렉사) 등의 핵심 기술을 개발한다. 특히 각 언어별 뉘앙스, 언어가 가지고 있는 국가별 고유 특징(사투리나 방언 등)까지 처리할 수 있게끔 하는 것이 중요하다.

MLOps 엔지니어는 AI 모델을 안정적으로 운영하고 관리하는 전문가다. 모델의 버전 관리, 자동화된 학습 파이프라인 구축, 성능 모니터링 등을 담당한다. DevOps와 머신러닝이 결합된 비교적 새로운 분야다. 단순히 연구단계에서 끝나는 것이 아니라 실제 서비스 환경에 안정적으로 안착할 수 있게 운영, 개선까지 관여한다. 즉, 머신러닝의 개발, 배포, 모니터링, 재학습까지 전체 수명 주기를 자동화하고 관리하는 역할을 한다.

AI 리서처(Researcher)는 새로운 AI 알고리즘과 기술을 연구하는 전문가다. 주로 대학이나 연구소, 빅테크 기업의 연구 부서에서 일하며, 논문을 작성하고 학술 대회에서 연구 결과를 발표한다. 대부분 석사 또는 박사 학위를 보유하고 연구소 등에서 관련 내용을 학술적으로 정의내리는 일을 한다. 새로운 학습 방식을 제안하거나 더 적은 데이터로 학습하는 방법을 연구하는 등의 일 뿐만 아니라 AI 윤리에 대한 해석과 문제 해결 방안을 도출하는 역할도 함께 수행하고 있다.

AI 개발자가 되기까지

AI의 역사: 꿈에서 현실로

AI 개발자가 되려면 먼저 AI가 어떻게 발전해 왔는지 이해하는 것이 좋다. AI의 역사를 알면, 현재 기술의 의미와 미래의 방향을 더 잘 파악할 수 있기 때문이다.

인공지능이라는 개념은 비교적 최근의 기술처럼 느껴지지만, 그 문제의식 자체는 이미 1950년대에 등장했다. 1950년, 영국의 수학자 앨런 튜링(Alan Mathison Turing)은 "기계가 생각할 수 있는가?"라는 질문을 던지며, 오늘날까지도 반복해서 인용되는 사고 실험을 제시했다. 이른바 '튜링 테스트'는 기계가 인간과 구분되지 않는 대화를 할 수 있다면 지능을 인정할 수 있지 않겠느냐는 제안이었다. 당시로서는 상당히 도발적인 발상이었고, 지금에 와서도 그 기준이 충분한지에 대해서는 여전히 논쟁이 이어지고 있다.

튜링의 문제 제기 이후, 인공지능 연구는 곧바로 기술적 실험으로 이어졌다. 1958년 프랭크 로젠블랫(Frank Rosenblatt)이 제안한 퍼셉트론은 인간의 뉴런 구조를 단순화해 모방한 초기 인공 신경망 모델이었다. 당시에는 이 모델이 인간 수준의 지능으로 빠르게 이어질 것이라는 기대도 적지 않았다. 그러나 퍼셉트론은 복잡한 문제를 다루는 데 명확한 한계를 드러냈고, 이로 인해 인공지능 연구 전반은 기대에 비해 성과가 더딘 시기를 겪게 된다. 흔히 'AI 겨울'이라고 불리는 이 시기는 기술의 실패라기보다는 기대가 지나치게 앞섰던 결과에 가까웠다.

흥미로운 점은 인공지능이 다시 주목받기 시작한 계기가 특정 이론 하나 때문만은 아니었다는 점이다. 2000년대에 들어서면서 컴퓨터 성능의 비약적 향상, 인터넷 환경에서 축적된 대규모 데이터, 그리고 알고리즘 연구의 누적된 성과가 동시에 작용했다. 특히 2006년 제프리 힌튼(Geoffrey Hinton) 교수가 심층 신뢰 신경망(Deep Belief Network)을 제안하면서, 다층 신경망을 실제로 학습시킬 수 있다는 가능성이 현실적인 연구 주제로 떠오르게 된다. 이 연구는 이후 딥러닝이라는 흐름을 본격적으로 확산시키는 중요한 계기가 되었고, 힌튼 교수는 2018년 튜링상을 공동 수상했다.

딥러닝의 전환점을 이야기할 때 2012년을 빼놓기는 어렵다. 힌튼 교수와 그의 제자들인 알렉스 크리제브스키(Alex Krizhevsky)와 일리야 수츠케버(Ilya Sutskever)가 제안한 알렉스넷은 이미지넷 대회에서 기존 방식과는 비교하기 어려울 정도의 성능 차이를 보여주었다. 오류율이 10% 이상 감소했다는 사실 자체도 충격이었지만, 더 큰 변화는 '복잡한 신경망이 실제 문제에서 통한다'는 인식이 학계 전반에 확산되었다는 점이었다.

이후 인공지능 연구는 다시 한 번 방향을 크게 바꾼다. 2017년 발표된 「Attention Is All You Need」 논문은 순환 구조 없이도 문맥을 효과적으로 처리할 수 있다는 새로운 접근을 제시했다. 트랜스포머 구조는 이후 자연어 처리 분야의 사실상 표준이 되었고, 오늘날 대규모 언어 모델의 핵심 기반으로 자리 잡았다. GPT라는 이름에서 'T'가 트랜스포머를 의미한다는 사실은 이 변화의 상징처럼 자주 언급된다.

마침내 2022년 11월, ChatGPT의 공개는 인공지능이 연구실과 산업 현장을 넘어 일상으로 들어오는 계기가 되었다. 출시 직후의 폭발적인 사용자 증가 속도는 기술적 성취뿐 아니라, 사람들이 이미 AI를 '사용할 준비가 되어 있었다'는 점을 보여준다. 이 시점에서 인공지능은 더 이상 미래의 가능성이라기보다, 현재 진행 중인 환경 변화에 가깝다고 볼 수 있다.

AI 개발자가 되기 위한 역량

AI 개발자가 되려면 어떤 역량이 필요할까? 크게 기술적 역량과 소프트 스킬로 나눌 수 있다.

먼저 프로그램 언어인 파이썬(Python)은 AI 개발의 필수 언어다. AI 라이브러리들이 대부분 파이썬으로 작성되어 있고, 문법이 비교적 쉬워 빠르게 아이디어를 구현할 수 있다. 팀스파르타의 AI 개발자는 "파이썬을 자유자재로 다룰 줄 아는 것은 기본 중 기본"이라고 강조한다. 또한 선형대수, 확률과 통계, 미적분학에 대한 이해가 필요하다. AI 모델이 어떻게 데이터로부터 패턴을 학습하는지, 왜 특정 알고리즘이 다른 것보다 효과적인지 이해하려면 수학적 기초가 탄탄해야 한다.

텐서플로우(TensorFlow)와 파이토치(PyTorch)는 AI 개발의 양대 산맥이다. 이 프레임워크들은 복잡한 AI 모델을 비교적 쉽게 구현할 수 있게 해준다. 또한 대규모 언어 모델을 다루기 위한 허깅페이스(Hugging Face), 랭체인(LangChain) 등의 도구도 점점 중요해지고 있다.

더불어 데이터 처리 능력도 꼭 필요하다. AI는 데이터로 학습한다. 데이터를 수집하고, 정제하고, 분석하는 능력이 필수다. SQL로 데이터베이스를 다루고, 판다스(Pandas)로 데이터를 처리하며, 효율적인 데이터 파이프라인을 설계할 줄 알아야 한다.

여기에 전반적인 흐름을 파악하는 능력도 필요하다. 실무에서 AI 모델은 대부분 클라우드 환경에서 운영된다. AWS, GCP, Azure 같은 클라우드 플랫폼과 도커(Docker), 쿠버네티스(Kubernetes) 같은 컨테이너 기술에 대한 이해가 점점 중요해지고 있다.

그러나 기술적 역량만으로는 부족하다. 글로벌 평가 기관 가트너(Gartner)에서 2023년 4분기에 진행한 설문 조사에 따르면, 2027년까지 80% 이상의 소프트웨어 엔지니어링 인력에게 새로운 역량 향상이 필요할 것으로 전망된다. AI 시대에 개발자에게 요구되는 것은 단순한 코딩 능력이 아니라, AI와 협업하며 문제를 해결하는 능력이기 때문이다.

즉, 인문학적 상식과 지식에 기반한 문제 해결 능력이 꼭 필요하다. AI에게 '어떻게'를 맡기기 전에 '무엇을', '왜' 풀어야 하는지 정의하는 것은 여전히 인간의 몫이다. 복잡한 문제를 구조화하고 AI가 해결할 수 있는 형태로 분해하는 능력이 중요하다.

마찬가지로 커뮤니케이션 능력 역시 필수이다. AI 개발자는 혼자 일하지 않는다. 데이터 사이언티스트, 프로덕트 매니저, 디자이너, 비즈니스 담당자 등 다양한 직군과 협업해야 한다. 기술적인 내용을 비전문가에게 쉽게 설명하는 능력, 다른 팀의 요구사항을 이해하는 능력이 필요하다. 그러다 보니 지속적 학습 의지는 AI 직군의 직업을 가지려는 사람에게 가장 중요한 요소가 아닐 수 없게 되었다. AI 분야는 하루가 다르게 변한다. ChatGPT 출시 이후 AI 관련 온라인 강좌 수강생이 1500% 급증했다는 통계가 있다. 새로운 논문, 새로운 도구, 새로운 기술이 끊임없이 쏟아지는 분야에서 살아남으려면 평생 학습의 자세가 필수다. 지금 이 문장을 읽고 있는 이 순간에도 새로운 AI가 쏟아져 나오고 있고, 새로운 기술이 쏟아져 나오고 있을 것이기 때문이다.

AI 개발자가 되는 경로

AI 개발자가 되는 길은 하나가 아니다. 전통적인 경로와 새로운 경로가 공존하는데 전통적 경로는 컴퓨터공학, 수학, 통계학 등을 전공하고 대학원에서 AI 관련 연구를 수행한 뒤 연구소나 기업에 취업하는 경로다. 과거에는 AI 분야에 진입하려면 석사 이상의 학력이 거의 필수처럼 여겨졌다. 특히 AI 리서처가 되려면 지금도 박사 학위를 요구하는 곳이 많다. 하지만 꼭 전통적인 경로를 통해 개발자가 될 필요는 없다. AI 산업이 급성장하면서 진입 장벽은 날로 낮아지고 있다. 학위보다 실력을 중시하는 문화가 확산되고 있으며, 부트캠프, 온라인 강좌, 자기주도 학습을 통해 AI 개발자가 되는 사례가 늘고 있다. 캐글(Kaggle) 같은 데이터 사이언스 대회에서 우수한 성적을 거두거나, 깃허브(GitHub)에 인상적인 프로젝트를 공개하는 것이 좋은 포트폴리오가 된다. 다양한 AI 경진대회에서 수상을 하거나 SNS 등을 통해 자신의 AI 기량을 뽐낸 후 바로 현업으로 들어갈 수도 있다. 중요한 것은 어떤 경로를 선택하든 탄탄한 기초 실력이 필요하다는 점이다. 알고리즘과 자료 구조에 대한 이해, 수학적 사고력, 문제 해결 능력은 어디서든 필요하다. 화려한 도구를 다루는 능력보다 근본적인 원리를 이해하는 것이 장기적으로 더 중요하다.

AI 개발자로
살아간다는 것

AI 개발자의 하루

AI 개발자의 일상은 어떨까? 회사와 프로젝트에 따라 다르겠지만, 일반적인 하루를 그려 보자.

아침에 출근하면 먼저 밤새 돌아간 모델 학습 결과를 확인한다. 사실 퇴근을 못했을 수도 있다. 보통 프로그램을 활용하는 회사들이 아침 9시에 업무를 시작한다면 개발자들은 모두가 퇴근한 시간에 대부분의 개발과 적용을 끝내야 하는 경우가 많기 때문이다. 특히 AI 모델 학습에는 수 시간에서 며칠까지 걸릴 수 있어서 퇴근 전 학습을 시작해 두고 다음날 결과를 확인하는 경우가 많다. 성능이 기대에 미치지 못하면 데이터를 수정하거나 하이퍼파라미터(모델 학습을 조절하는 설정값)를 조정해서 다시 실험한다. 오전에는 주로 팀 미팅과 코드 리뷰가 있다. 동료가 작성한 코드를 검토하고 개선점을 제안하거나, 자신의 코드에 대한 피드백을 받는다. 프로덕트 매니저와 함께 새로운 기능의 요구사항을 논의하거나, 데이터 엔지니어와 데이터 파이프라인 문제를 해결하기도 한다.

오후에는 '딥 워크' 시간이다. 새로운 모델을 설계하거나, 기존 모델을 개선하는 코드를 작성한다. 이 시간에는 집중력이 중요해서 많은 AI 개발자들이 이어폰을 끼고 몰입한다. 때로는 최신 논문을 읽거나 새로운 기술을 학습하는 데 시간을 쓰기도 한다. AI 분야는 발전 속도가 너무 빨라서 학습을 게을리하면 금방 뒤처질 수 있다. 저녁이 되면 하루의 진행 상황을 정리하고 밤새 돌릴 실험을 설정한 뒤 퇴근한다. 물론 프로젝트 마감이 다가오면 야근이 필요할 때도 있다. 특히 모델이 예상대로 작동하지 않는 '디버깅 지옥'에 빠지면 시간 가는 줄 모르고 매달리게 된다.

AI 개발자의 보람과 어려움

AI 개발자의 가장 큰 보람은 '무에서 유를 창조하는' 경험이다. 아무것도 모르던 AI가 데이터를 학습해 점점 똑똑해지는 과정을 지켜보는 것, 그리고 그 AI가 실제로 사람들에게 도움을 주는 것을 볼 때 느끼는 성취감은 다른 직업에서 쉽게 얻기 어렵다.

예를 들어 의료 AI를 개발하는 개발자는 자신이 만든 AI가 의사가 놓칠 수 있는 암세포를 발견해 환자의 생명을 구하는 것을 볼 수 있다. 추천 시스템을 만드는 개발자는 사용자가 "이 노래 어떻게 찾았어요? 완전 제 취향이에요!"라는 반응을 보내오는 것을 볼 수 있다. 이런 순간들이 AI 개발자로서의 삶을 의미 있게 만든다.

하지만 어려움도 적지 않다. 첫째, 끊임없는 학습의 부담이다. AI 분야는 너무 빠르게 변한다. 2022년에 배운 기술이 2024년에는 구식이 될 수 있다. 항상 새로운 것을 배워야 한다는 압박감은 스트레스가 될 수 있다.

둘째, 불확실성과의 싸움이다. AI 개발은 과학 실험과 비슷하다. 아무리 노력해도 모델이 원하는 성능을 내지 못할 수 있다. 수 주 동안 매달린 프로젝트가 실패로 끝나는 경험은 심리적으로 힘들다.

셋째, 윤리적 고민이다. AI는 강력한 도구지만, 잘못 사용되면 해로울 수 있다. 개인정보 침해, 편향된 알고리즘, 딥페이크 등 AI의 부작용에 대한 책임을 느끼는 개발자들이 많다. "내가 만드는 AI가 세상에 좋은 영향을 미치고 있는가?"라는 질문은 AI 개발자라면 누구나 한 번쯤 하게 된다.

AI 개발자의 커리어 성장

AI 개발자의 커리어는 어떻게 발전할까? 일반적으로 경력에 따라 역할이 달라진다.

주니어(1~3년): 선배 개발자의 지도 아래 기초적인 업무를 수행한다. 데이터 전처리, 기존 모델 활용, 문서화 등을 담당하며 실무 경험을 쌓는다. 이 시기에는 기술적 기초를 탄탄히 다지는 것이 중요하다.

미드레벨(3~7년): 독립적으로 프로젝트를 수행할 수 있는 단계다. 모델 설계부터 배포까지 전 과정을 책임지며, 후배 개발자를 멘토링하기도 한다. 기술적 깊이와 함께 비즈니스 이해도를 높여야 하는 시기다.

시니어(7년 이상): 전략적 사고와 리더십이 요구된다. 팀을 이끌고, AI 활용 전략을 수립하며, 조직의 기술적 방향을 결정하는 역할을 맡는다. AI가 처리하지 못하는 고차원적 창의성과 비즈니스 연계 능력이 특히 중요해진다.

커리어의 방향은 크게 두 가지로 나뉜다. 기술 전문가 (Individual Contributor) 트랙과 관리자(Management) 트랙이다. 기술 전문가 트랙은 계속해서 기술적 깊이를 더해가는 경로로, '수석 AI 과학자', '기술 펠로우' 등의 직함을 갖게 된다. 관리자 트랙은 팀과 조직을 이끄는 경로로 'AI 팀 리드', 'AI 부서장', 'CTO' 등으로 성장한다. 어느 쪽이든 옳고 그름은 없으며, 자신의 성향과 목표에 맞는 길을 선택하면 된다.

AI 개발자로
미래를 살아갈 수 있을까?

폭발적으로 성장하는 AI 시장

AI 개발자의 미래를 논하기 전에, 먼저 AI 산업이 놓인 현실적인 위치부터 짚어볼 필요가 있다. 최근 몇 년 사이 AI는 기술 업계 내부의 화두를 넘어, 거의 모든 산업 분야에서 빠지지 않는 키워드가 되었다. 금융, 제조, 의료, 콘텐츠 산업은 물론이고, 공공 영역과 교육 분야까지 AI 도입을 전제로 한 논의가 이어지고 있다.

시장조사 기관과 컨설팅 기업들의 전망을 종합하면, AI 산업이 향후 수년간 고성장 국면을 유지할 가능성이 크다는 점에는 비교적 공감대가 형성되어 있다. 다만 시장 규모나 성장률에 대한 구체적인 수치는 기관마다 편차가 크다. 어떤 보고서는 AI 시장이 수년 내 몇 배로 성장할 것이라고 전망하고, 또 다른 보고서는 보다 완만한 성장 곡선을 제시한다. 중요한 점은 수치의 정확한 크기보다, AI가 이미 하나의 거대한 산업 축으로 자리 잡았다는 사실이다.

AI의 영향력은 단순히 기술 시장의 확장에만 그치지 않는다. 여러 글로벌 컨설팅 기업들은 AI가 장기적으로 기업의 생산성, 의사결정 방식, 노동 구조 전반에 영향을 미칠 것으로 분석해 왔다. 특히 반복적이거나 규칙 기반의 업무에서 AI의 활용 가능성이 높아지면서, 조직 운영 방식 자체가 달라지고 있다는 점은 현장에서 체감할 수 있는 변화다.

기업들의 실제 행동을 살펴보면 이러한 흐름은 더욱 분명해진다. 최근 몇 년 사이 많은 기업들이 AI를 '실험 단계'에서 벗어나, 실제 업무 프로세스에 통합하고 있다. 과거에는 일부 기술 기업이나 대규모 IT 조직에서만 가능했던 AI 활용이, 이제는 중소기업과 스타트업에서도 현실적인 선택지가 되었다. 특히 생성형 AI의 등장 이후, AI는 특정 부서의 전유물이 아니라 조직 전반에서 활용되는 도구로 빠르게 확산되고 있다.

AI 개발자의 수요와 전망

이러한 산업 환경의 변화는 자연스럽게 AI 개발자에 대한 수요 증가로 이어지고 있다. 다만 여기서 말하는 'AI 개발자'는 하나의 고정된 직무라기보다, 역할의 스펙트럼이 넓은 개념에 가깝다. 순수하게 모델을 연구·개발하는 역할부터, 기존 시스템에 AI를 안정적으로 통합하는 엔지니어까지 요구되는 역량은 매우 다양하다.

여러 조사와 현장 사례를 보면, 기업들은 단순히 'AI 모델을 만들 줄 아는 사람'보다는 AI를 실제 서비스와 비즈니스 맥락 안에서 활용할 수 있는 개발자를 필요로 하고 있다. 이는 AI가 독립적인 기능이 아니라, 기존 소프트웨어 시스템의 일부로 작동하기 때문이다. 결과적으로 백엔드, 클라우드, 데이터 파이프라인에 대한 이해를 갖춘 개발자가 AI 역량을 함께 보유할수록 시장에서의 경쟁력이 높아지는 경향이 나타나고 있다.

스타트업 생태계에서도 비슷한 흐름을 확인할 수 있다. 초기 단계에서는 소수의 개발자가 다양한 역할을 맡지만, 서비스가 성장하고 투자 단계가 높아질수록 AI·데이터 관련 직무의 비중이 점차 커진다. 이는 AI가 단순한 기술 옵션이 아니라, 제품 차별화와 경쟁력 확보의 핵심 요소로 인식되고 있음을 보여준다.

일자리 측면에서도 AI는 '사라지는 일자리'와 '새로 생겨나는 일자리'를 동시에 만들어내고 있다. 세계경제포럼(WEF)을 비롯한 여러 기관들은 향후 AI와 자동화로 인해 일부 직무는 감소하겠지만, 동시에 새로운 역할과 직군이 등장할 것이라고 분석한다. 이 변화의 중심에는 기술을 이해하고 설계할 수 있는 개발자, 특히 AI를 다룰 수 있는 개발자가 위치하게 될 가능성이 크다.

AI가 AI 개발자를 대체할까?

AI 개발자의 미래를 이야기할 때 빠지지 않는 질문이 있다. 'AI가 발전하면 결국 개발자도 필요 없어지는 것 아닐까?'라는 의문이다. 이 질문에 대해 많은 기술 리더들과 연구자들은 공통적으로 단순한 '예'나 '아니오'가 아닌, 조건부 답변을 내놓는다.

실제로 AI 기반 코딩 도구의 발전은 개발자의 일상적인 작업 방식에 큰 변화를 가져오고 있다. 코드 자동 완성, 간단한 로직 생성, 반복 작업 자동화 등은 이미 많은 개발자에게 익숙한 환경이 되었다. 이러한 변화는 특히 초급 개발자나 단순 구현 업무에 일정한 영향을 주고 있는 것도 사실이다.

그러나 동시에 분명해지고 있는 점도 있다. AI는 개발자를 완전히 대체하기보다는, 개발자의 역할을 재정의하고 있다는 것이다. 문제를 어떻게 정의할 것인지, 어떤 제약 조건을 둘 것인지, AI가 만들어낸 결과를 어떻게 검증하고 책임질 것인지는 여전히 인간 개발자의 몫이다. 여러 분석 기관들 역시, 복잡한 시스템 설계와 혁신적인 소프트웨어 개발에서는 인간의 판단과 경험이 필수적이라고 강조한다.

오히려 AI가 보편화될수록, 개발자는 단순한 구현자가 아니라 설계자이자 조율자로서의 역할을 더 많이 요구받게 될 가능성이 크다. AI 에이전트를 어떤 방식으로 활용할지, 어떤 맥락에서 사용해야 적절한지 판단하는 능력이 중요한 경쟁력이 된다.

미래를 준비하는 AI 개발자

그렇다면 AI 시대를 살아가려는 개발자는 무엇을 준비해야 할까. 단기적인 유행 기술을 따라가는 것만으로는 충분하지 않다.

첫째, AI 리터러시는 선택이 아니라 기본 역량이 되고 있다. 모든 개발자가 AI 전문가가 될 필요는 없지만, AI 모델이 무엇을 잘하고 무엇을 못하는지, 어떤 한계와 위험을 갖는지에 대한 이해는 필수적이다. AI를 '마법의 도구'가 아니라 하나의 기술 요소로 바라볼 수 있어야 한다.

둘째, 기초 역량의 중요성은 오히려 더 커지고 있다. 알고리즘, 자료 구조, 시스템 구조에 대한 이해는 새로운 도구가 등장할수록 더욱 강력한 무기가 된다. 기초가 탄탄한 개발자는 기술 변화에 휘둘리기보다, 변화를 빠르게 흡수할 수 있다.

셋째, 한 분야의 전문성을 갖추되 주변 영역을 이해하는 T자형 성장 전략이 중요하다. AI, 데이터, 클라우드, 보안 등 인접 분야에 대한 기본적인 이해는 협업과 문제 해결 능력을 크게 확장시켜 준다.

마지막으로, 기술만으로는 부족하다. 공감 능력, 비판적 사고, 윤리적 판단과 같은 인간 고유의 역량은 AI가 발전할수록 오히려 더 중요해질 가능성이 크다. 개발자는 기술을 만드는 사람인 동시에, 그 기술이 사회에 미치는 영향을 함께 고민해야 하는 위치에 있기 때문이다.

AI 개발자의 미래는 단순히 "사라질 것인가, 남을 것인가"의 문제가 아니라 "AI라는 환경 변화 속에서 어떤 역할로 성장할 것인가"가 더 중요한 질문이다. 즉, AI는 개발자의 자리를 위협하는 존재라기보다, 개발자의 역할을 확장하고 재정의하는 계기로 작용하고 있다.

ChatGPT를 만든 OpenAI 이야기

인공지능에 대한 질문에서 시작되다

2010년대 중반, 인공지능 기술은 빠른 속도로 발전하고 있었다. 컴퓨터가 사람의 말을 이해하고, 글을 쓰며, 스스로 학습하는 단계에 이르자 기대와 함께 걱정도 커졌다. 당시 많은 연구자와 기업가들은 이런 질문을 던졌다.

"이 강력한 기술을 누가, 어떤 방식으로 사용하게 될까?"

샘 올트먼과 일론 머스크 역시 같은 문제의식을 공유하던 인물들이었다. 두 사람은 인공지능이 소수의 기업에만 집중될 경우 사회 전체에 위험이 될 수 있다고 보았다. 기술의 발전 속도에 비해, 이를 관리하고 통제하는 기준은 아직 충분하지 않다고 느꼈기 때문이다.

이런 고민 끝에 2015년 12월, 비영리 인공지능 연구 조직 OpenAI가 설립되었다. 이름에 들어간 'Open'은 인공지능 기술을 특정 기업의 이익이 아니라, 인류 전체의 이익을 위해 사용하겠다는 의미를 담고 있다. 그래서일까. OpenAI는 처음부터 연구 중심 조직을 지향했다.

샘 올트먼은 운영과 비전을, 그렉 브록만은 기술과 엔지니어링을 맡았다. 연구 분야는 머신러닝 전문가인 일리야 수츠케버가 이끌었다. 이들은 인공지능의 성능뿐 아니라, 안전성과 사회적 영향까지 함께 고려해야 한다는 점을 강조했다.

큰 목표, 그러나 부족했던 자원

OpenAI는 출범과 함께 최대 10억 달러 규모의 후원 약속을 받으며 큰 주목을 받았다. 하지만 실제 연구 과정은 쉽지 않았다. 인공지능을 훈련시키기 위해서는 막대한 컴퓨팅 자원과 장기간의 투자가 필요했기 때문이다. 특히 인간 수준의 지능을 목표로 하는 AGI 연구는, 기존의 비영리 연구소가 감당하기 어려운 비용 구조를 가지고 있었다. 이 시기 OpenAI 내부에서는 '이대로는 연구를 지속하기 어렵다'는 현실적인 판단이 점점 커졌다. 결국, 2019년, OpenAI는 중요한 결정을 내리게 되었다.

비영리 조직의 틀은 유지하되, 연구 자금을 확보하기 위한 영리 자회사를 설립한 것이다. 대신 투자자들이 얻을 수 있는 수익에는 상한선을 두어, 과도한 이윤 추구를 막는 구조를 선택했다. 같은 해 마이크로소프트가 대규모 투자를 진행하며 OpenAI의 핵심 파트너가 되었다. 이 협력을 통해 OpenAI는 대형 인공지능 모델을 훈련할 수 있는 환경을 갖추게 되었다.

이렇게 환경을 갖춘 OpenAI에서 우리가 너무나 잘 알고 있는 GPT가 탄생한 것이다. GPT는 '사전에 많은 글을 읽고 학습한 뒤, 새로운 문장을 만들어내는 언어 모델'이다. GPT-1은 문장의 흐름을 이해하는 가능성을 보여주었고 GPT-2는 글쓰기 능력이 크게 향상되었으며, GPT-3는 사람과 비슷한 문장을 생성해 전 세계 연구자들을 놀라게 했다. 지금도 계속 발전하고 있는 GPT는 현재, 인공지능이 단순 계산 도구를 넘어 사고와 표현의 영역으로 들어오고 있다는 평가를 받고 있다.

인류의 큰 전환점, 2022

2022년 11월, OpenAI는 ChatGPT를 공개했다. 복잡한 설정 없이 질문을 입력하면, 대화하듯 답을 얻을 수 있는 서비스였다. ChatGPT는 학생들의 공부 도우미, 직장인의 글쓰기 도구, 개발자의 아이디어 파트너로 빠르게 활용되기 시작했다. 짧은 시간 안에 수많은 사용자가 몰리며, 인공지능이 더 이상 전문가만의 기술이 아니라는 사실을 보여주었다. 채팅 프로필을 한때 '~풍'이라는 GPT생성 이미지가 휩쓴 적도 있고 오래된 사진을 영상처럼 만들어 공유하는 게 유행이 되기도 하면서 GPT는 남녀노소 할 것 없이 활용하는 일상이 되었다. 물론 일상이 되면서 다양한 문제도 발생했다. 저작권, 개인 정보 노출, 학습을 위해 활용한 데이터의 윤리적 문제 등 아직 AI를 더 많이 활용하기에는 풀어야 할 문제가 많이 남아 있다.

즉, OpenAI의 이야기는 단순한 성공 스토리가 아니다.

"기술은 얼마나 빠르게 발전해야 하는가?"

"누가 책임을 져야 하는가?"

"사람을 위한 AI란 무엇인가?"

이 질문들은 아직 답이 정해지지 않았다.

앞으로 인공지능을 만들고 사용하는 세대는, 바로 지금 이 글을 읽고 있는 여러분이다.

2장
프롬프트 엔지니어 마스터플랜

프롬프트 엔지니어는 어떤 직업이지?

"마법의 주문을 외우듯, AI에게 말을 걸어보세요."

생성형 AI가 대중화되던 2023년을 전후로, '무엇을 어떻게 입력하느냐'가 결과의 질을 좌우한다는 인식이 빠르게 확산되었다. 이 흐름 속에서 프롬프트를 설계하고 조율하는 역할이 하나의 전문 영역으로 주목받기 시작했다.

국내에서는 AI 스타트업을 중심으로 프롬프트 작성 능력과 AI 활용 감각을 핵심 역량으로 삼는 인재 채용이 이루어졌고, 일부 사례에서는 고연봉 조건이 함께 언급되며 화제를 모았다(정확한 연봉 상한은 기사별로 차이가 있어 확정하기 어렵지만 대략 1억 원 안팎이었다).

해외에서는 이 현상이 보다 분명하게 드러났다. 미국의 AI 기업 Anthropic은 프롬프트 설계 및 언어 모델 활용을

담당하는 직무에 대해 연간 수십만 달러 수준의 보상 범위
를 제시하며 업계의 이목을 집중시켰다. 또한 영국의 대형
로펌을 포함한 전문 서비스 조직들 역시 법률·전문 지식
과 AI 프롬프트 활용 역량을 결합할 수 있는 인력을 적극
적으로 찾기 시작했다.

그렇다면 질문은 자연스럽게 이어진다.

프롬프트 엔지니어란 정확히 어떤 일을 하는 사람일까?

어떤 역량이 필요하며, 누구에게 열려 있는 직업일까?
그리고 이 역할은 일시적인 유행이 아니라, 앞으로도 의미
를 가질 수 있을까?

AI와 대화하는 통역사

프롬프트 엔지니어를 한마디로 정의하면 'AI와 인간 사
이의 통역사'라고 할 수 있다. 여기서 '프롬프트(Prompt)'란
AI에게 내리는 지시문이나 질문을 말한다. ChatGPT에 "오
늘 날씨 어때?"라고 물으면 그것이 바로 프롬프트다. 프롬
프트 엔지니어링은 이 프롬프트를 과학적으로 설계하고 최
적화하는 기술이다. 그렇다면 왜 이것이 중요할까? 같은
AI라도 어떻게 질문하느냐에 따라 답변의 품질이 천차만
별이기 때문이다. 예를 들어보자.

일반인의 질문: "강아지에 대해 알려줘."

AI의 답변: "강아지는 개의 새끼를 말합니다. 개는 포유류에 속하며….." (두루뭉술한 백과사전식 답변)

프롬프트 엔지니어의 질문: "당신은 10년 경력의 수의사입니다. 처음 강아지를 키우는 20대 직장인에게 골든 리트리버 품종의 특성, 주의해야 할 건강 문제, 월별 예상 양육비를 표 형식으로 정리해서 설명해 주세요. 어려운 의학 용어는 쉬운 말로 풀어서 설명해 주세요."

같은 AI, 같은 주제인데 결과물의 질이 완전히 다르다. 프롬프트 엔지니어는 바로 이 '질문의 기술'을 연구하고 최적화하는 전문가라고 할 수 있다.

프롬프트 엔지니어가 하는 일

프롬프트 엔지니어의 업무는 단순히 '질문 잘하기'에 그치지 않는다. 실제 현업에서 프롬프트 엔지니어가 수행하는 주요 업무를 살펴보자.

첫째, 프롬프트 설계 및 개발이다. 다양한 AI 모델(ChatGPT, Claude, Gemini 등)에서 최적의 결과를 얻기 위한 프롬프트를 설계한다. 텍스트 생성, 번역, 질문 응답, 창작 글쓰기 등 다양한 목적에 맞는 프롬프트 템플릿을 개발하고 문서화한다.

둘째, 테스트와 반복 개선이다. 프롬프트는 한 번의 입력으로 완성되는 결과물이 아니라, 실험을 통해 다듬어지는 설계물에 가깝다. 동일한 프롬프트라도 상황과 맥락에 따라 AI의 반응은 달라지기 때문에, 다양한 시나리오에서 결과를 확인하고 응답의 패턴을 분석하는 과정이 필수적이다.

Anthropic에서 프롬프트 설계와 모델 활용에 관여해 온 연구자 아만다 아스켈(Amanda Askell) 역시, 프롬프트 엔지니어의 역할을 '문장을 한 번 잘 쓰는 사람'이 아니라 모델과 상호작용하며 반복적으로 조정하고 개선하는 사람으로 설명한 바 있다. 즉, 핵심 역량은 단일 프롬프트의 완성도가 아니라, 테스트와 수정의 과정을 통해 모델의 반응을 점점 정교하게 이끌어 내는 데 있다.

셋째, 프롬프트 라이브러리 구축이다. 효과적인 프롬프트들을 체계적으로 정리하여 데이터베이스화한다. 이를 통해 조직 내 다른 구성원들도 검증된 프롬프트를 활용할 수 있게 된다.

넷째, 워크플로우 및 애플리케이션 통합이다. AI 프롬프트를 기업의 업무 시스템이나 소프트웨어에 통합한다. 예를 들어 고객 서비스 챗봇, 콘텐츠 자동 생성 시스템, 데이터 분석 도구 등에 프롬프트 기반 AI 기능을 연결하는 작업이다.

다섯째, AI 모델 성능 평가 및 피드백이다. 프롬프트에 대한 AI 응답의 정확성, 관련성, 윤리성을 평가하고, 모델 개발팀에 피드백을 제공한다. 편향된 응답이나 잘못된 정보 생성을 발견하면 이를 개선하기 위한 프롬프트 조정 방안을 제시한다.

여섯째, 사용자 교육 및 컨설팅이다. 조직 내 다른 직원들이나 클라이언트에게 효과적인 AI 활용법과 프롬프트 작성 기법을 교육한다.

인문학과 엔지니어링의 만남

프롬프트 엔지니어라는 직무의 특징은 기술과 인문적 사고가 동시에 요구된다는 점에 있다. 이 역할은 단순히 AI 모델을 다루는 기술자가 아니라, 언어·맥락·의도를 정교하게 설계하는 사람에 가깝다. 생성형 AI의 작동 원리를 이해하는 한편, 인간의 질문 방식과 의미 구조를 해석할 수 있어야 하기 때문이다.

이 원고를 쓰고 있는 2026년 상반기 시점에서만 봐도 대부분의 AI가 인간의 언어와 거의 다를 것이 없는 자연어를 구사하고 있다. 즉, '언어의 자연스러움'을 위해 프롬프트 엔지니어가 필요했던 시기는 이미 지난 것이다. 지금부터 필요한 프롬프트 엔지니어는 '자연어 구사' 능력이 아닌 '전방위적인 인문학적 상식을 갖춘 기획자'가 되어야 한다.

AI 서비스 개발 현장에서 활동해 온 전문가는, 프롬프트 설계를 기술적 이해와 인문적 판단이 동시에 작동해야 하는 작업으로 설명한 바 있다. 특히 동일한 품질의 결과를 안정적으로 도출하기 위해서는 성능을 평가하고 조정하는 과정이 필요하다는 점에서, 이 직무는 흔히 '인문학과 엔지니어링의 결합'으로 비유된다.

실제로 여러 채용 공고 분석과 업계 보고서들을 종합해 보면, 프롬프트 엔지니어에게 요구되는 역량은 AI 관련 지식이나 프롬프트 작성 능력에만 국한되지 않는다. 문제를 구조화해 설명하는 능력, 협업을 위한 커뮤니케이션 역량, 그리고 새로운 방식으로 질문을 설계하는 창의성 역시 중요한 요소로 반복적으로 언급된다. 이는 이 직무가 순수한 기술직이 아니라, 사람과 기술을 연결하는 역할임을 보여준다. 이러한 특성 때문에 프롬프트 엔지니어는 다양한 배경을 가진 사람들에게 열려 있는 직업이다. 컴퓨터공학 전공자뿐만 아니라 언어학, 철학, 심리학, 마케팅, 법학 등 다양한 분야 출신이 프롬프트 엔지니어로 활동하고 있다.

프롬프트 엔지니어가 되기까지

어떤 역량이 필요할까_기술적 역량

프롬프트 엔지니어에게 요구되는 역량은 크게 기술적 역량과 비기술적 역량으로 나눌 수 있다. 이 가운데 기술적 역량의 출발점은 '언어에 대한 이해'다. 생성형 AI와 대규모 언어 모델(LLM)의 기본 구조를 이해해야 ChatGPT, Claude, Gemini와 같은 주요 모델들이 어떤 방식으로 입력을 해석하고 응답을 생성하는지 파악할 수 있다. 각 모델의 특성과 한계를 인지할수록 프롬프트 설계의 정밀도는 높아진다.

이와 함께 자연어 처리(NLP)에 대한 기초 지식 역시 도움이 된다. 토큰화, 임베딩, 트랜스포머 아키텍처와 같은 개념은 AI가 언어를 처리하는 방식을 이해하는 데 중요한 배경이 되며, 이는 프롬프트를 보다 효과적으로 조정하는 데 활용될 수 있다. 여기에 프로그래밍 기초가 더해지면 프롬프트 테스트를 자동화하거나 AI API를 활용하는 데 유리하다. 다만, 모든 프롬프트 엔지니어 직무에서 코딩 능력이 필수로 요구되는 것은 아니다.

실제로 여러 교육 플랫폼과 실무 가이드에서는 입문 단계의 역할에 한해, 깊은 개발 역량보다는 모델 이해와 프롬프트 설계 능력이 더 중요하게 작용할 수 있다고 설명한다. 이후 보다 전문적인 수준으로 나아가기 위해서는 다양한 프롬프트 엔지니어링 기법에 익숙해질 필요가 있다. 대표적인 접근 방식으로는 다음과 같은 것들이 있다.

- **제로샷 프롬프팅**(Zero-shot Prompting): 예시 없이 직접 지시를 제공하는 방식으로, 비교적 단순한 과제에서 활용된다.
- **퓨샷 프롬프팅**(Few-shot Prompting): 몇 가지 예시를 함께 제시해 모델이 패턴을 파악하도록 돕는 방식이다.
- **체인 오브 쏘트**(Chain-of-Thought): 문제 해결 과정을 단계적으로 유도해 복잡한 추론이 필요한 작업에서 활용된다.
- **역할 부여**(Role Assignment): 모델에 특정 역할이나 전문성을 설정해 응답의 맥락과 톤을 조정하는 방식이다.

어떤 역량이 필요할까_비기술적 역량

프롬프트 엔지니어에게 요구되는 비기술적 역량 가운데 핵심적인 요소 중 하나는 언어 능력이다. 프롬프트는 본질적으로 언어를 통해 AI와 상호작용하는 방식이기 때문에, 의도를 명확하고 정확하게 전달할 수 있는 작문 능력이 중요하다. 모호한 표현이나 중의적인 문장은 결과의 품질을 크게 떨어뜨릴 수 있으며, 반대로 잘 구조화된 문장은 모델의 반응을 안정적으로 이끌어낸다.

IT 전문 매체인 《TechTarget》 역시 프롬프트 엔지니어의 역할을 코드가 아닌 단어와 문장을 통해 AI 시스템과 소통하는 직무로 설명한 바 있다. 이 관점에서 프롬프트 설계는 단순한 명령 작성이 아니라, 목적과 맥락을 세밀하게 조정하는 언어 설계에 가깝다.

창의적 사고 또한 중요한 요소다. 프롬프트 엔지니어는 AI의 다양한 가능성을 탐색하며, 기존에 정형화되지 않은 질문 방식이나 접근법을 실험해야 한다. 동시에 AI가 생성한 응답의 적절성과 정확성을 평가하고, 문제의 원인을 분석해 개선 방향을 도출할 수 있는 비판적 사고 능력도 요구된다. 이러한 과정은 반복적인 실험과 수정으로 이어지는 경우가 많기 때문에, 결과가 나오기까지의 시행착오를 감내할 수 있는 인내심 역시 중요한 자질로 꼽힌다.

아울러 특정 산업이나 분야에 대한 이해는 프롬프트의 실효성을 높이는 데 기여한다. 의료, 법률, 금융, 마케팅과 같이 전문성이 요구되는 영역에서는 해당 분야의 용어와 맥락을 정확히 이해할수록, 보다 현실적이고 정밀한 프롬프트를 설계할 수 있다.

프롬프트 엔지니어가 되기 위한 학습 로드맵(예시)

프롬프트 엔지니어링은 비교적 새로운 영역이기 때문에, 정해진 단일 경로가 존재하기보다는 여러 학습 방식이 병행되는 경우가 많다. 다음은 실무와 교육 자료에서 자주 언급되는 학습 흐름을 바탕으로 정리한 하나의 예시적 로드맵이다.

1단계: AI 기초 이해

먼저 인공지능과 머신러닝의 기본 개념을 익히는 것이 필요하다. 이 단계의 목표는 세부 알고리즘을 완벽히 이해하는 것이 아니라, AI가 어떤 방식으로 학습하고 작동하는지 전반적인 구조를 파악하는 데 있다. 대학 공개 강좌나 온라인 교육 플랫폼에서 제공하는 머신러닝 · AI 입문 과정들이 출발점으로 활용될 수 있다.

2단계: 생성형 AI 도구 직접 활용

ChatGPT, Claude, Gemini와 같은 언어 모델 기반 서비스나 이미지 생성 도구를 직접 사용해 보며, 동일한 질문을 다양한 방식으로 입력했을 때 결과가 어떻게 달라지는지를 비교한다. 이 과정은 각 모델의 특성과 응답 경향을 체감적으로 이해하는 데 도움이 된다.

3단계: 프롬프트 엔지니어링 심화 학습

기본적인 사용 경험을 쌓은 뒤에는 프롬프트 설계 기법을 보다 체계적으로 학습할 수 있다. 일부 대학이나 교육 기관, AI 기업에서는 프롬프트 엔지니어링을 주제로 한 강좌나 가이드를 제공하고 있으며, 이러한 자료들은 구조화된 접근 방식을 익히는데 참고가 된다.

4단계: 실전 프로젝트 적용

학습한 내용을 실제 문제에 적용해 보는 단계다. 예를 들어 콘텐츠 생성 자동화, 고객 응대용 챗봇 설계, 이미지 생성 프롬프트 정리, 보고서 작성 보조 시스템 구축 등과 같은 소규모 프로젝트를 통해 프롬프트의 효과를 검증할 수 있다.

5단계: 포트폴리오 구축

수행한 프로젝트와 실험 결과를 문서로 정리해 GitHub나 개인 웹사이트에 공개한다. 프롬프트 설계 의도, 시행착오, 개선 과정과 결과를 함께 기록하면 실무 역량을 보여주는 자료로 활용할 수 있다.

6단계: 커뮤니티 참여와 지속적 학습

프롬프트 엔지니어링 관련 온라인 커뮤니티에 참여해 사례를 공유하고, 새로운 기법과 트렌드를 접하는 것도 중요하다. 프롬프트를 공유 · 판매하는 플랫폼에서 다른 사람들의 작업을 분석하는 방식 역시 학습에 도움이 된다.

학력 요건에 대한 현실적인 관점

프롬프트 엔지니어는 비교적 최근에 등장한 직무이기 때문에, 학력 요건은 전통적인 IT 직무에 비해 유연한 편이다. 일부 기업에서는 컴퓨터공학이나 관련 전공을 선호하지만, 많은 채용 공고에서는 실제 활용 경험과 포트폴리오를 중요한 평가 요소로 삼는다.

여러 교육 플랫폼과 커리어 가이드에서도 프롬프트 엔지니어의 역량은 학위뿐 아니라, 자기 주도 학습과 프로젝트를 통해 검증될 수 있다고 설명한다. 다만 고연봉 포지션이나 대규모 조직의 경우, AI · 데이터 · 컴퓨터공학 관련 학위나 실무 경력이 요구되는 사례도 적지 않다. 장기적인 커리어 확장을 고려한다면 관련 전공 학습이나 전문 인증이 도움이 될 수 있다.

프롬프트 엔지니어로
살아간다는 것

어디서 일하게 될까?

프롬프트 엔지니어의 활동 무대는 특정 산업에 한정되지 않는다. 생성형 AI가 다양한 분야로 확산되면서, 프롬프트 설계 역량은 여러 형태의 직무 안에서 활용되고 있다.

AI 모델을 직접 개발하거나 서비스에 적용하는 빅테크 기업과 AI 전문 기업에서는, 모델의 응답 품질을 조정하고 사용자 경험을 개선하는 역할이 중요해지고 있다. 이 과정에서 프롬프트 설계는 독립된 직무이거나, 연구 · 제품 · 운영 역할의 일부로 수행되는 경우가 많다.

AI 스타트업 환경에서는 프롬프트 설계자가 보다 폭넓은 업무를 경험하는 경우가 많다. 하나의 제품 안에서 콘텐츠 생성, 고객 응대, 데이터 정리 등 다양한 문제를 동시에 다루며 빠르게 실험하고 개선하는 역할을 맡게 된다.

일반 기업의 AI 부서나 금융·법률·의료 분야에서도 생성형 AI 도입이 확대되면서, 해당 산업의 전문 지식을 이해하고 이를 프롬프트에 반영할 수 있는 인력이 필요해지고 있다. 이 경우 프롬프트 엔지니어는 기술과 도메인 지식을 연결하는 중간 역할을 수행한다.

이 밖에도 독립 컨설턴트나 프리랜서로 활동하며 기업의 AI 활용 전략을 설계하거나 맞춤형 프롬프트를 제공하는 방식으로 커리어를 구축하는 사례도 늘고 있다.

얼마나 벌 수 있을까?

프롬프트 엔지니어의 보상 수준은 경력, 지역, 기업 규모, 직무 범위에 따라 큰 차이를 보인다. 일부 해외 기업에서는 높은 보상을 제시한 사례가 알려지며 주목을 받았지만, 이는 특정 조건에 해당하는 경우로 일반화하기는 어렵다.

전반적으로는 AI 전문성, 도메인 지식, 실무 경험이 결합될수록 더 높은 보상을 기대할 수 있는 구조이며, 특히 대규모 기술 기업이나 금융·법률과 같이 AI 활용의 책임이 큰 분야에서는 보상 수준이 상대적으로 높은 편이다. 한국의 경우 아직 직무 정의와 시장 형성이 진행 중인 단계로 사례별 편차가 크다.

이 직업의 매력과 어려움

프롬프트 엔지니어라는 직무의 매력은 최첨단 기술을 다루면서도 언어와 사고, 창의성을 동시에 활용할 수 있다는 점에 있다. 다양한 산업으로 확장될 수 있는 가능성과 비교적 유연한 근무 방식 역시 장점으로 꼽힌다.

반면, 기술 변화 속도가 매우 빠르기 때문에 지속적인 학습이 필수적이며, 모델 업데이트에 따라 기존 프롬프트가 무력화되는 경우도 잦다. 명확한 표준이나 평가 기준이 아직 정립되지 않았다는 점, 그리고 AI의 예측 불가능성 역시 이 직무가 안고 있는 어려움이다.

프롬프트 엔지니어로
미래를 살아갈 수 있을까?

생성형 AI의 확산과 함께 프롬프트 설계 역량의 중요성은 단기적인 유행을 넘어 구조적인 변화로 자리 잡고 있다. 다만 '프롬프트 엔지니어'라는 직무 명칭이 그대로 유지될지, 혹은 다른 역할로 흡수될지는 아직 확실하지 않다.

분명한 점은, AI와 인간 사이에서 언어와 맥락을 설계하는 능력은 앞으로도 다양한 형태로 요구될 가능성이 높다는 것이다. 따라서 이 직무의 지속성은 단일 직업명보다는, 그 안에 포함된 역량이 얼마나 다른 분야로 확장될 수 있는가에 달려 있다고 볼 수 있다.

프롬프트 엔지니어의 미래를 둘러싸고는 크게 두 가지 상반된 관점이 공존한다. 하나는 직업 소멸 가능성을, 다른 하나는 역할의 진화를 강조하는 시각이다.

① 회의적 관점: 직업으로서의 지속 가능성에 대한 의문

회의적인 시각에서는 인공지능 모델의 자연어 이해 능력이 빠르게 향상되면서, 복잡한 프롬프트 설계 자체의 필요성이 점차 줄어들 것이라고 본다. 실제로 최근의 대형 언어 모델들은 사용자의 모호한 지시도 비교적 정확하게 해석하는 방향으로 발전하고 있다.

일부 학계와 산업계에서는 프롬프트 엔지니어링을 특정 시기에 각광받다가 점차 흡수·소멸된 과거 IT 세부 전공이나 기술 트렌드에 비유하기도 한다. 즉, 초기에는 전문 직무로 주목받을 수 있으나, 기술 성숙 단계에 접어들면 독립적인 직업군으로 남기보다는 다른 역할에 통합될 가능성이 높다는 주장이다.

해외 비즈니스 미디어와 연구 보고서들 역시 AI 인터페이스가 점점 직관적으로 변화할 경우, 전담 프롬프트 설계자의 수요는 감소할 수 있다고 분석한 바 있다.

② 낙관적 관점: 역할의 소멸이 아닌 고도화

반면, 프롬프트 엔지니어의 역할이 사라지기보다는 더 높은 수준으로 진화할 것이라는 전망도 적지 않다. 자동화가 진전될수록 오히려 출력 결과의 품질, 일관성, 윤리성, 맥락 적합성에 대한 요구는 더욱 높아지기 때문이다.

업계 일부에서는 단순한 문장 입력을 넘어, 복잡한 업무 흐름 설계, 다단계 추론 유도, 도메인 특화 지식 반영, 모델 한계와 리스크 관리와 같은 영역에서 프롬프트 설계 역량이 계속 중요해질 것으로 보고 있다.

특히 파운데이션 모델이 고도화될수록, 모델 자체를 직접 조정하는 미세조정(fine-tuning)의 비중은 줄어들고, 대신 모델을 어떻게 '지시하고 활용하느냐'의 문제가 더 중요해질 수 있다는 분석도 나온다. 이 경우 프롬프트 엔지니어는 단순 운영 인력이 아니라, 서비스 설계·전략 수립을 아우르는 고급 역할로 확장될 가능성이 있다.

현실적 전망: 직업명은 줄고, 역량은 남는다

종합하면, '프롬프트 엔지니어'라는 직업 타이틀 자체는 축소될 가능성이 있지만, 프롬프트 엔지니어링 역량은 오히려 보편화될 가능성이 크다.

즉, 하나의 독립 직군이라기보다는 연구자, 개발자, 기획자, 디자이너 등 다양한 AI 관련 직무에서 요구되는 기본 소양으로 자리 잡을 가능성이 높다.

실제로 대규모 언어 모델을 활용하는 환경에서는, 직무를 막론하고 AI에게 정확히 무엇을 시킬 것인가, 결과를 어떻게 검증하고 수정할 것인가를 이해하지 못하면 경쟁력을 갖기 어려운 상황이 되고 있다.

미래를 준비하는 자세

사실 이 원고를 준비하고 있는 2025년 말, 2026년 초 시기만 해도 프롬프트 엔지니어라는 직업에 대한 의문은 계속되고 있다. 이유는 다양한 AI 채널들이 사람처럼 '자연어' 구사가 자연스러워진 마당에 프롬프트 엔지니어가 굳이 필요하지 않을 수도 있다는 흐름 때문이다. 하지만 '그렇기 때문에' 더더욱 인문학적 소양을 갖춘 '가장 인간다운 생각과 흐름을 끌어갈 수 있는' 프롬프트 엔지니어가 필요할 수도 있다. 즉, 프롬프트 엔지니어링이 독립 직업으로 남든, 다른 직무에 통합되든 간에 중요한 것은 핵심 역량을 어떻게 축적하느냐다.

다음은 비교적 공통적으로 제시되는 준비 전략이다.

첫째, T자형 역량을 구축하자.

프롬프트 설계라는 전문 기술과 함께, 특정 산업이나 도메인에 대한 깊은 이해를 결합할수록 대체 불가능성이 높아진다. 의료, 법률, 금융, 교육 등 명확한 분야를 설정하는 것이 중요하다.

둘째, 지속적인 학습을 전제로 삼자.

AI 기술은 단기간에 정체되지 않는다. 새로운 모델, 새로운 활용 방식, 새로운 한계를 꾸준히 학습하지 않으면 금세 뒤처질 수 있다. 이 분야에서는 '완성'보다 '갱신 능력'이 핵심 경쟁력이다.

셋째, 실전 경험을 축적하자.

프롬프트 엔지니어링은 이론보다 결과로 평가받는 영역이다. 실제 프로젝트, 포트폴리오, 실사용 사례를 통해 자신만의 문제 해결 방식을 축적하는 것이 중요하다.

넷째, 기술과 인문적 사고의 균형을 유지하자.

프롬프트는 단순한 명령문이 아니라, 인간의 의도·맥락·윤리를 언어로 구조화하는 작업이다. 따라서 기술 이해뿐 아니라 언어 감각, 비판적 사고, 창의성 역시 핵심 역량으로 작용한다.

AI와 대화하는 마법의 주문 만들기

프롬프트 엔지니어가 되고 싶다면, 지금 바로 시작할 수 있는 실습을 해보자. 'AI와 대화하는 마법의 주문 만들기'다.

준비물: ChatGPT, Claude, Gemini 등 무료로 사용할 수 있는 생성형 AI 서비스

미션 1: 기본 프롬프트와 구조화된 프롬프트 비교

같은 주제를 서로 다른 방식으로 질문하고, 결과 차이를 확인해 보자.

기본 프롬프트

"환경 문제에 대해 알려줘."

구조화된 프롬프트

"당신은 환경 교육 전문가입니다.

중학생이 이해할 수 있는 수준으로

기후 변화의 주요 원인 3가지를 설명하고,

각 원인에 대해 100자 내외로 정리해 주세요.

마지막으로 청소년이 실천할 수 있는 행동을 원인별로

1가지씩 제안해 주세요."

관찰 포인트

구조화된 프롬프트에는 다음 요소가 포함된다.

AI의 역할 명시

독자(타깃) 설정

요구 결과의 범위와 개수

분량과 형식 제한

결과 활용을 고려한 추가 조건

이 요소들이 응답의 밀도와 일관성에 어떤 영향을 주는

지 확인해 보자.

미션 2: 개인 맞춤형 학습 도우미 프롬프트 설계

아래 템플릿을 활용해 자신에게 실제로 도움이 되는 프롬프트를 만들어 본다.

템플릿

당신은 [분야]의 [역할]입니다.

[나의 수준/상황]인 저에게

[학습 주제]를

[원하는 형식·분량]으로 설명해 주세요.

추가로 [보조 요청]도 포함해 주세요.

예시

당신은 수학 분야의 친절한 과외 교사입니다.

고등학교 1학년이고 수학 개념이 약한 저에게

이차방정식의 근의 공식을

일상생활 예시를 활용해 단계별로 설명해 주세요.

이해 여부를 확인할 수 있는 연습 문제 3개도 만들어 주세요.

핵심은 '잘 묻는 문장'이 아니라, 목적에 맞는 조건을 얼마나 명확히 설정했는가다.

미션 3: 단계적 사고 유도 프롬프트 실습

복합적인 문제를 다룰 때는 AI가 추론 과정을 나눠서 수행하도록 유도할 수 있다.

실습 프롬프트 예시

철수는 사과 5개를 가지고 있었습니다.
영희에게 2개를 주고, 민수에게서 3개를 받았습니다.
이후 남은 사과의 절반을 동생에게 주었습니다.
철수에게 남은 사과는 몇 개인가요?
계산 과정을 단계별로 설명해 주세요.

의의

이 방식은 결과뿐 아니라 중간 사고 과정의 오류 여부를 점검하는 데 도움이 된다. 다만, 모든 상황에서 항상 필요한 기법은 아니며, 문제의 복잡도에 따라 선택적으로 사용하는 것이 바람직하다.

미션 4: 프롬프트 개선 기록 남기기

프롬프트 엔지니어링의 핵심은 한 번의 질문이 아니라, 반복적인 수정 과정이다.
일주일 동안 아래 형식으로 기록을 남겨 보자.

날짜	사용 목적	최초 프롬프트	문제점	수정 프롬프트	결과 변화

이 과정을 통해 '테스트 → 분석 → 개선'이라는 기본 사이클을 자연스럽게 경험할 수 있다.

미션 5: AI 모델 간 응답 비교

동일한 프롬프트를 서로 다른 AI 모델에 입력하고 결과를 비교해 보자.

정보 요약, 창작, 논리 설명 등 작업 유형에 따라 모델별 강점이 어떻게 다른지 관찰하는 것이 목적이다.

도전 과제 (선택)

아래 주제 중 하나를 골라, 실제로 활용 가능한 프롬프트를 설계해 보자.

진로 탐색을 돕는 상담용 프롬프트

영어 단어 학습 보조 프롬프트

독후감 작성 가이드 프롬프트

과학 탐구 · 실험 설계 보조 프롬프트

완성한 프롬프트를 다른 사람과 공유하고 피드백을 받아 보는 과정 자체가 중요한 학습이 된다.

　프롬프트 엔지니어링은 단순히 질문을 잘 만드는 기술이 아니다. AI가 가진 능력을 어떤 맥락에서, 어떤 기준으로, 어디까지 활용할 것인지 설계하는 작업에 가깝다. 앞으로 '프롬프트 엔지니어'라는 직업명이 유지될지는 확실하지 않다. 그러나 AI와 효과적으로 소통하는 능력, 기술적 이해와 언어적 사고를 결합하는 역량, 변화에 맞춰 지속적으로 조정하고 학습하는 태도. 이 세 가지는 직무 형태가 바뀌더라도 충분히 가치 있는 자산으로 남을 가능성이 높다. AI에게 질문하는 데 익숙해졌다면, 이미 중요한 첫 단계를 밟은 셈이다.

3장

AI 트레이너 마스터플랜

AI 트레이너는
어떤 직업이지?

AI에게 '사람다움'을 가르치는 선생님

2022년 11월, ChatGPT가 세상에 공개되었을 때 전 세계는 충격에 빠졌다. 인공지능이 마치 사람처럼 대화하고, 글을 쓰고, 복잡한 질문에 논리적으로 답변하는 모습은 SF 영화에서나 볼 법한 장면이었다. 하지만 여기서 많은 사람들이 놓치는 중요한 사실이 있다. ChatGPT는 처음부터 그렇게 똑똑하지 않았다는 것이다. GPT-3라는 기본 모델은 인터넷에서 수집한 방대한 데이터로 학습했지만, 그 상태로는 혐오 발언을 하거나, 거짓 정보를 자신 있게 말하거나, 위험한 질문에 무분별하게 답하는 문제가 있었다. 그렇다면 어떻게 이 '날것'의 AI가 우리가 아는 그 세련되고 도움이 되는 ChatGPT로 변신할 수 있었을까?

그 비밀은 바로 'AI 트레이너'라는 직업에 있다. AI 트레이너는 인공지능에게 인간의 가치관, 상식, 윤리를 가르치는 사람이다. 마치 갓 태어난 아기에게 부모가 세상의 이치를 알려주듯, AI 트레이너는 인공지능에게 "이런 상황에서는 이렇게 대답해야 해", "이런 말은 사람에게 상처를 줄 수 있어", "이 정보는 정확하지 않아"라고 끊임없이 피드백을 주며 가르친다.

이 과정을 기술적으로 'RLHF(Reinforcement Learning from Human Feedback)', 즉, '인간 피드백 기반 강화학습'이라고 부른다. 여러 연구에 따르면, RLHF는 AI 시스템을 인간의 선호도에 맞추기 위해 사람들로부터 피드백을 받아 학습하는 기계학습 기법이다. 복잡한 작업에서 성공을 명확히 정의하기 어렵거나, 인간이 주관적으로 판단해야 하는 영역에서 특히 효과적이다. 예를 들어 '재미있는 농담'이 무엇인지 수학적으로 정의하기는 어렵지만, 사람은 농담을 듣고 직관적으로 재미있는지 아닌지 판단할 수 있다. AI 트레이너는 바로 이런 인간의 직관과 판단을 AI에게 전달하는 역할을 한다.

데이터 라벨링: AI 학습의 기초 공사

AI 트레이너의 업무를 이해하려면 먼저 '데이터 라벨링'

이라는 개념을 알아야 한다. 인공지능은 인간처럼 사물이나 감정을 스스로 이해하지 못한다. 예를 들어 고양이 사진을 입력하면, AI는 이를 '고양이'가 아니라 수많은 픽셀 값의 조합으로 인식한다. 이 이미지가 고양이라는 의미를 갖도록 사람이 직접 정답을 지정해 주는 과정이 데이터 라벨링이다.

이와 유사하게 텍스트에는 '긍정·부정 감정', 음성에는 '분노·기쁨'과 같은 의미를 부여하고, 영상에는 '행동'이나 '상황'을 구분하는 정보가 추가된다. 이러한 라벨이 있어야만 AI는 패턴을 학습하고, 이후 새로운 데이터를 분류하거나 예측할 수 있다. 따라서 데이터 라벨링은 AI 모델 성능을 좌우하는 가장 기초적인 공정 중 하나로 여겨진다.

시장 조사 기관들의 분석에 따르면, 데이터 라벨링과 데이터 어노테이션을 포함한 관련 산업은 생성형 AI와 자율주행, 의료 AI 확산과 함께 빠르게 성장하는 분야로 분류된다. 글로벌 차원에서는 다수의 리서치 보고서가 이 시장을 고성장 영역으로 전망하고 있으며, 향후 10년간 두 자릿수 이상의 연평균 성장률을 기록할 가능성이 높다고 분석한다. 다만 시장 범위 정의에 따라 추정 규모에는 상당한 차이가 존재한다.

한국의 경우에도 데이터 라벨링은 국가 데이터 산업 정

책의 핵심 요소 중 하나로 포함되어 있다. 한국데이터산업 진흥원 자료에 따르면, 국내 데이터 산업 전체 규모는 최근 수년간 빠른 성장세를 보이고 있으며, 이 안에는 데이터 구축·가공·라벨링 영역이 함께 포함된다. 정부와 공공기관 주도의 AI 학습용 데이터 구축 사업이 확대되면서, 데이터 라벨링 인력과 관련 직무에 대한 수요 역시 지속적으로 증가하는 추세다.

데이터 라벨링의 종류는 매우 다양하다. 이미지 라벨링에는 바운딩 박스(사물 주변에 사각형 그리기), 시맨틱 분할(이미지의 모든 픽셀에 라벨 붙이기), 랜드마크 표시(얼굴의 눈, 코, 입 등 특정 지점 표시) 등이 있다. 텍스트 라벨링에는 개체명 인식(NER: 문장에서 사람, 장소, 날짜 등 식별), 감정 분석(긍정/부정/중립 분류), 의도 파악(질문인지, 명령인지, 정보 요청인지 분류) 등이 포함된다. 음성 라벨링에는 음성을 텍스트로 변환하거나, 화자를 구분하거나, 감정을 인식하는 작업이 있고, 비디오 라벨링에는 영상 프레임마다 객체를 추적하거나 행동을 인식하는 작업이 포함된다.

LLM 트레이너: AI 트레이너의 최전선

ChatGPT, Claude, Gemini 같은 대규모 언어 모델(LLM)이 등장하면서 AI 트레이너의 역할은 더욱 중요하고 복잡해졌다. 기존의 단순한 라벨링 작업을 넘어, LLM 트레이너는 AI가 생성한 여러 답변을 비교하고 순위를 매기며, AI의 응답이 정확한지, 도움이 되는지, 안전한지를 평가한다. 이것이 바로 RLHF의 핵심이다.

RLHF 과정은 크게 세 단계로 이루어진다. 첫째, 인간 피드백 수집이다. 트레이너들에게 같은 질문에 대한 AI의 여러 답변을 보여주고, 어떤 답변이 더 좋은지 선택하게 한다. 둘째, 보상 모델 훈련이다. 수집된 인간의 선호도 데이터를 바탕으로, AI가 '이 답변이 인간에게 얼마나 좋은 평가를 받을지' 예측하는 보상 모델을 만든다. 셋째, 강화학습을 통한 미세조정이다. 보상 모델을 기준으로 AI가 더 높은 점수를 받는 방향으로 학습하도록 한다. AWS의 설명에 따르면, 이 과정을 통해 AI는 기술적으로는 정확하지만 인간 사용자에게 덜 매력적인 출력 대신, 인간의 가치와 선호도에 더 잘 맞는 출력을 생성하게 된다.

OpenAI의 ChatGPT가 바로 이 RLHF 기법의 대표적인 성공 사례다. OpenAI는 2020년에 GPT-3를 출시했지만, RLHF를 적용한 버전인 ChatGPT가 2022년 말에 공개되면서 전 세계적인 센세이션을 일으켰다. 같은 기본 모델이지만 RLHF를 통해 인간과의 대화에서 훨씬 자연스럽고 유용한 응답을 할 수 있게 된 것이다. RLHF는 LLM이 일관되고 유용한 출력을 생성할 뿐만 아니라 인간의 가치, 선호, 기대에 더 밀접하게 부합하도록 만드는 핵심 기술이다.

레드팀: AI의 약점을 찾는 해커들

AI 트레이너의 중요한 역할 중 하나는 '레드팀(Red Team)' 활동이다. 레드팀은 본래 군사 · 보안 분야에서 사용되던 개념으로, 내부 시스템의 취약점을 점검하기 위해 의도적으로 공격자 관점에서 테스트를 수행하는 팀을 의미한다.

AI 분야에서 레드팀은 인공지능 시스템이 유해한 출력, 편향된 판단, 사실과 다른 정보를 생성하는 상황을 점검하는 역할을 맡는다. 이들은 단순히 정상적인 질문을 던지는 것이 아니라, AI의 안전 장치가 실제로 어떻게 작동하는지를 확인하기 위해 다양한 맥락과 조건을 설정한 프롬프트를 설계한다. 이를 통해 AI가 정책을 우회하거나, 특정 집단에 대한 편견을 드러내거나, 근거 없는 정보를 사실처럼 제시하는 문제를 발견한다.

이러한 레드팀 활동은 AI의 신뢰성과 안전성을 확보하는 데 필수적이다. 실제로 2023년 미국의 보안 컨퍼런스 DEF CON에서는 Scale AI가 주관한 생성형 AI 레드팀 행사가 열려, 여러 기업의 AI 모델이 공개적으로 테스트되었다. 이 과정에서 수집된 결과는 AI 안전 정책과 모델 개선에 활용되었다.

AI가 의료, 금융, 법률 등 사회적 영향이 큰 영역에 점점 더 많이 활용되면서, 레드팀의 역할도 중요성이 커지고 있다. 이들 분야에서는 작은 오류나 편향도 심각한 결과로 이어질 수 있기 때문에, 사전에 취약점을 발견하고 보완하는 체계적인 검증 과정이 요구된다. 레드팀은 이러한 위험을 줄이기 위한 핵심 안전 장치로 기능한다.

AI 트레이너가
되기까지

누구나 시작할 수 있는 낮은 진입장벽

AI 트레이너라는 직업의 가장 매력적인 점 중 하나는 비교적 낮은 진입장벽이다. AI 트레이너가 되기 위해 반드시 컴퓨터공학 학위가 필요한 것은 아니다. 많은 AI 트레이너들이 언어학, 심리학, 커뮤니케이션 등 다양한 분야에서 왔다. 중요한 것은 분석적 사고력, 세부 사항에 대한 주의력, 그리고 AI가 생성한 콘텐츠의 품질을 평가할 수 있는 능력이다. 하지만 이것이 아무런 준비 없이 시작할 수 있다는 의미는 아니다. AI 트레이너로서 성공하기 위해서는 몇 가지 핵심 역량을 갖춰야 한다.

첫째, AI 개념에 대한 기본 이해가 필요하다. AI 모델이 어떻게 작동하고 데이터를 통해 학습하는지에 대한 기본 지식이 있어야 한다. '지도 학습', '검증 세트', '훈련 데이터' 같은 핵심 용어를 이해해야 한다. 이 지식은 복잡한 수학 공식을 외우는 것이 아니라, AI가 어떤 원리로 '배우는지'에 대한 직관적인 이해를 의미한다.

둘째, 세부 사항에 대한 주의력이 필수적이다. 데이터 어노테이션 작업은 종종 미묘한 차이를 구별해야 한다. 예를 들어 '이 문장은 분노를 표현하는가, 아니면 좌절을 표현하는가?', '이 이미지에서 자동차의 경계는 정확히 어디까지인가?' 같은 세밀한 판단이 요구된다. 작은 실수가 누적되면 AI 모델의 성능에 심각한 영향을 미칠 수 있다.

셋째, 강력한 의사소통 능력이 필요하다. AI 트레이너는 종종 기술팀, 데이터 과학자, 프로젝트 매니저와 협력해야 한다. 자신의 판단 근거를 명확히 설명하고, 복잡한 기술 개념을 비전문가에게 전달할 수 있어야 한다. 또한 AI에게 피드백을 제공할 때도 정확하고 일관된 언어를 사용해야 한다.

넷째, 윤리적 민감성이 중요하다. AI 트레이너는 AI 시스템이 공정하고 편견 없이 작동하도록 하는 최전선에 있다. 특정 집단에 대한 고정관념이나 차별적 표현을 인식하고 수정하는 능력이 필요하다. 이는 단순히 명시적인 혐오 발언을 걸러내는 것을 넘어, 미묘한 편견이나 암묵적인 차별도 감지할 수 있어야 함을 의미한다.

교육 경로와 자격증

AI 트레이너가 되기 위한 출발점은 인공지능과 머신러 닝의 기본 원리를 이해하는 것이다. 여러 대학과 교육 기관의 커리어 가이드에 따르면, AI 관련 직무를 준비하는 과정에서 공통적으로 요구되는 기초 역량은 다음과 같다.

먼저 수학적 기초다. 선형대수, 확률과 통계, 미적분은 머신러닝 알고리즘의 작동 원리를 이해하는 데 도움이 된다. 입문 단계에서는 고등학교 수준의 수학 지식만으로도 시작할 수 있지만, 모델 구조나 학습 과정을 깊이 이해하려면 대학 수준의 수학이 유리하다.

프로그래밍 능력은 모든 AI 트레이너에게 필수는 아니지만, 중·고급 역할로 갈수록 중요성이 커진다. Python은 AI와 데이터 분석 분야에서 가장 널리 사용되는 언어이며, TensorFlow, PyTorch, scikit-learn 같은 라이브러리에 대한 이해가 있으면 단순 데이터 라벨링을 넘어 모델 평가, 테스트 자동화, 품질 분석 업무까지 수행할 수 있다.

데이터 과학 역량도 중요한 요소다. AI 트레이너는 대규모 데이터셋을 다루는 경우가 많기 때문에 데이터 정제, 분석, 시각화에 대한 기본적인 이해가 필요하다. matplotlib과 같은 시각화 도구나 데이터베이스에 대한 기초 지식은 업무 효율을 높이는 데 도움이 된다.

학력 측면에서 보면, AI 트레이너는 반드시 정식 학위를 요구하는 직무는 아니다. 실제로 일부 기업과 프로젝트에서는 포트폴리오와 실무 경험을 더 중시한다. 다만 컴퓨터 공학, 데이터 과학, 인공지능, 통계학, 언어학, 심리학 등 관련 전공 배경이 있으면 더 전문적인 역할과 보상으로 이어질 가능성이 높다. 특히 자연어 처리 중심의 AI 트레이너는 언어학이나 커뮤니케이션 전공이, 의료 AI 분야에서는 의학·생명과학 배경이 강점이 될 수 있다.

온라인 학습 플랫폼 역시 중요한 교육 경로다. Coursera, edX, Udacity 등에서는 대학 및 글로벌 기업과 협력한 AI·머신러닝 강좌를 제공하며, 이를 통해 독학으로도 기초 역량을 충분히 쌓을 수 있다.

자격증은 필수 요건은 아니지만, 자신의 학습 이력과 관심 분야를 보여주는 보조 지표로 활용될 수 있다. 일부 민간 기관과 클라우드 기업(AWS, Microsoft, Google)은 AI 및 머신러닝 관련 자격증 프로그램을 운영하고 있으며, 이는 취업 과정에서 기술 이해도를 간접적으로 증명하는 수단이 될 수 있다. 다만 자격증 자체보다 실제 프로젝트 경험과 문제 해결 능력이 더 중요하게 평가되는 경우가 많다.

AI 트레이너로
살아간다는 것

하루 일과: 어떤 일을 하는가

AI 트레이너의 일과는 프로젝트 성격과 소속 조직에 따라 크게 달라진다. 다만 대규모 언어 모델(LLM)을 다루는 트레이너의 일반적인 업무 흐름은 비교적 공통적인 패턴을 보인다.

업무를 시작하면 가장 먼저 프로젝트 매니저나 운영 팀이 공유한 작업 가이드라인을 확인한다. 여기에는 해당 날짜에 평가해야 할 질문 유형, 응답에서 반드시 지켜야 할 안전 기준, 금지 표현, 평가 방식 등이 포함된다. 예를 들어 의료 관련 프로젝트의 경우, "AI는 진단이나 치료를 단정적으로 제시해서는 안 되며, 일반 정보 수준에서 설명하고 전문가 상담을 권장해야 한다"와 같은 지침이 명시된다.

이후 전용 평가 도구에 접속해 AI가 생성한 응답을 검토한다. 동일한 질문에 대해 여러 개의 응답이 제시되며, 트레이너는 정확성, 유용성, 표현의 중립성, 안전성 등을 기준으로 응답을 비교·순위화한다. 단순히 '좋다' 또는 '나쁘다'를 선택하는 것이 아니라, 왜 특정 응답이 더 적절한지에 대한 근거 설명을 함께 작성해야 한다. 이는 이후 모델 개선 과정에서 중요한 학습 자료로 활용된다.

업무 중 일부 시간은 이른바 엣지 케이스(edge case)를 다루는 데 사용된다. 엣지 케이스란 기존 규칙만으로는 판단하기 어려운 질문을 의미한다. 예를 들어 "가장 효과적인 다이어트 약은 무엇인가?"와 같은 질문은 특정 제품을 추천할 수도 없고, 질문을 회피하는 것 역시 사용자에게 도움이 되지 않는다. 이런 경우 트레이너들은 팀 단위로 논의하며, 허용 가능한 정보 제공의 범위와 표현 방식을 조정하고 가이드라인을 보완한다.

작업이 누적되면 품질 관리 단계가 이어진다. 선임 트레이너나 품질 관리자(QA)가 일부 결과물을 검토하고 피드백을 제공한다. 출처가 불명확한 정보 사용, 지나친 단정, 미묘한 편향 표현 등은 감점 요인이 되며, 이 피드백은 다음 평가 작업의 기준으로 반영된다.

급여와 처우(2026년 1월 현재 기준)

AI 트레이너의 보수는 국가, 고용 형태(정규직 · 계약직 · 프리랜서), 전문 분야, 언어 능력에 따라 큰 차이를 보인다.

미국 기준으로 Glassdoor, Indeed 등 복수의 채용 · 연봉 데이터 플랫폼에서는 AI 트레이너 또는 AI 데이터 관련 직무의 연봉이 대략 연 5만~15만 달러 범위에 분포하는 것으로 보고된다. 다만 'AI Trainer'라는 직무 명칭이 기업마다 다르게 정의되기 때문에, 특정 연도의 평균 연봉 수치를 단일 값으로 단정하는 것은 정확하지 않다.

크라우드소싱 또는 플랫폼 기반 프리랜서의 경우, 비교적 명확한 시급 정보가 공개되어 있다. 일반적인 텍스트 평가 · 라벨링 작업은 시간당 15~25달러 수준에서 시작하는 경우가 많으며, 코딩 능력이나 전문 지식(법률 · 의료 · 금융)이 요구되는 프로젝트는 시간당 40달러 이상으로 책정되기도 한다. Data Annotation, Scale AI 협력 프로젝트 등에서 이러한 범위의 보수가 제시된 사례들이 다수 보고되어 있다.

AI 트레이너 직무의 큰 특징 중 하나는 원격 근무 비중이 높다는 점이다. 글로벌 AI 기업들은 지역 제한 없이 트레이너를 모집하는 경우가 많아, 시간과 장소의 유연성이 크다. 반면, 프리랜서 형태의 경우 프로젝트 수주가 불규칙

할 수 있고, 고용 안정성이나 복지 혜택이 제한적이라는 점은 단점으로 꼽힌다.

보람과 도전

AI 트레이너들이 공통적으로 언급하는 보람은, 자신이 수행한 판단과 수정이 실제 AI 시스템의 행동을 바꾼다는 점이다. 특히 편향된 표현을 완화하거나, 위험한 정보가 사용자에게 전달되지 않도록 차단하는 과정에서 사회적 책임감을 느끼는 경우가 많다.

또한 AI 기술은 빠르게 변화하고 있기 때문에 지속적인 학습이 불가피하다. 텍스트 기반 모델을 다루던 트레이너가 이미지나 음성을 포함한 멀티모달 AI 평가에 참여하게 되는 경우도 흔하다. 새로운 기술과 문제 유형을 계속 접할 수 있다는 점은 지적 호기심이 강한 사람에게 큰 장점이다.

반면, 도전 요소도 분명하다. 반복적인 평가 작업에서 오는 피로감은 가장 흔한 어려움으로 꼽힌다. 하루에 수십~수백 개의 응답을 검토하다 보면 집중력 저하와 업무 소진을 경험하기 쉽다. 또한 유해 콘텐츠를 식별하는 과정에서 혐오 표현, 폭력적 묘사, 허위 정보 등에 노출될 가능성도 있다. 일부 기업이 심리 지원 프로그램을 제공하는 이유도 이 때문이다.

마지막으로 판단 기준의 모호함 역시 스트레스 요인이
된다. '충분히 중립적인가', '이 표현이 차별로 해석될 여지
는 없는가'와 같은 질문에는 항상 명확한 정답이 존재하지
않는다. 더 나아가 AI 기술의 발전 속도는 기회이자 불안
요소로 작용한다. 현재의 역할이 장기적으로 어떻게 변화
할지에 대한 불확실성은 많은 AI 트레이너가 공통적으로
느끼는 고민이다.

AI 트레이너로
미래를 살아갈 수 있을까?

폭발적 성장의 시대

AI 트레이너 직무를 포함한 AI 데이터·모델 훈련 관련 인력 수요는 전반적으로 증가 추세에 있다는 점은 여러 보고서에서 공통적으로 확인된다. 다만 'AI 트레이너'라는 직무 명칭은 기업마다 정의가 달라, 특정 직종의 정확한 증가율을 단일 수치로 단정하기는 어렵다. 미국 노동통계청(BLS)은 AI 트레이너라는 개별 직무를 직접 분류하지는 않지만, 머신러닝·데이터 관련 직종 전반에 대해 전체 평균보다 높은 고용 성장률을 전망하고 있다. 이는 AI 시스템 확산에 따라 모델 평가, 데이터 품질 관리, 안전성 검증 인력이 함께 증가할 가능성을 시사한다.

세계경제포럼(WEF)의 「Future of Jobs Report」에서도 다

수의 고용주가 향후 수년간 AI 및 정보처리 기술이 업무 구조를 크게 변화시킬 것이라고 응답했다. 여기서 강조되는 점은 'AI 관련 직무의 증가'이지, 특정 세부 직업 하나의 폭발적 성장이라고 단정하지는 않는다.

글로벌 데이터 라벨링·데이터 서비스 시장이 빠르게 성장하고 있다는 전망 역시 다수의 시장조사 보고서에서 반복적으로 언급된다. 다만 2024년 45억 달러에서 2033년 331억 달러로 성장한다는 구체적 수치는 조사 기관에 따라 편차가 크므로 추정치로 이해하는 것이 적절하다(추측에 가까움). 그럼에도 AI 트레이너 수요 증가의 구조적 배경 – AI 모델 확산과 품질·안전 요구 증대 – 자체는 비교적 명확하다.

인간 vs AI: 누가 AI를 훈련시킬 것인가

AI가 발전하면서 "AI를 훈련하는 일도 AI가 맡게 되는 것 아니냐"는 질문이 제기되는 것은 자연스럽다. 실제로 RLAIF(Reinforcement Learning from AI Feedback)와 같이, 인간 대신 다른 AI 모델이 평가자 역할을 수행하는 연구와 실험이 진행되고 있다는 점은 사실이다.

다만 현재까지의 연구와 산업 적용 사례를 보면, RLAIF 는 RLHF(인간 피드백 기반 강화학습)를 완전히 대체하기보다는 보완하는 방식으로 활용되고 있다. 이는 인간이 수행하는 가치 판단-공감 여부, 문화적 적절성, 윤리적 수용 가능성-을 AI가 완전하게 내재화하기 어렵기 때문이다.

예를 들어 "이 답변이 무례하게 느껴지는가", "이 표현이 특정 집단에 상처가 될 수 있는가"와 같은 질문은 명확한 정답이 존재하지 않는다. AI는 과거 데이터의 통계적 패턴을 기반으로 판단할 수 있지만, 사회적 맥락과 가치의 변화까지 실시간으로 반영하는 데는 한계가 있다. 일부 클라우드 기업과 연구 기관 역시 AI 기반 피드백을 효율성 도구로 보되, 인간 감독의 필요성은 유지된다고 설명한다.

커리어 발전 경로

AI 트레이너로 시작한 이후의 경로는 크게 세 방향으로 정리할 수 있다.

① 수직적 성장

초급 트레이너에서 시작해 시니어 트레이너, 팀 리더, 프로젝트 매니저로 이동하는 경로다. 경험이 쌓일수록 평가 기준 설계, 가이드라인 작성, 신규 인력 교육, 클라이언트 대응 등 기획·관리 업무의 비중이 커진다. 일부는 AI 기업의 정규 데이터 운영 또는 정책 팀으로 전환한다.

② 수평적 이동

AI 트레이닝 경험은 프롬프트 엔지니어링, AI 윤리·정책, 사용자 경험(UX) 리서치 등 인접 분야로의 이동에 활용될 수 있다. 특히 'AI가 어떻게 오작동하는지'를 직접 다뤄본 경험은 다른 AI 관련 직무에서도 강점으로 작용한다.

③ 도메인 전문화

의료, 법률, 금융 등 특정 산업 지식을 결합한 AI 트레이너는 상대적으로 대체 가능성이 낮다. 전문 자격이나 실무 경력을 보유한 경우, 일반 트레이너보다 높은 보수를 받는 사례도 보고되고 있다. 다만 '항상 훨씬 높은 급여'를 보장한다고 일반화하기는 어렵다

일자리는 사라질까, 변할까

맥킨지 글로벌 연구소(MGI)는 자동화 기술로 인해 일부 업무 시간은 대체될 수 있지만, 동시에 새로운 역할과 생산성 향상이 발생할 가능성을 함께 제시한다. '현재의 일자리가 그대로 유지된다'는 의미는 아니지만, 직무의 구성 요소가 재편된다는 해석이 더 정확하다.

이 맥락에서 AI 트레이너의 역할 역시 변화가 예상된다. 단순 반복 라벨링 업무는 점차 자동화될 가능성이 높지만,

판단 기준 설계, 품질 관리 및 검증, 고위험 도메인(의료·
법률·금융) 평가, 윤리·안전 기준 수립과 같은 역할은 인
간 중심으로 재편될 가능성이 크다.

결국 AI 트레이너는 단순히 데이터를 분류하거나 AI의
답변에 점수를 매기는 사람을 의미하지 않는다. 이 역할의
본질은 AI가 인간 사회의 규범과 기대를 벗어나지 않도록
조정하는 중간자에 가깝다. 다시 말해 AI 트레이너는 기술
을 만드는 사람과 기술을 사용하는 사람 사이에서, 기준을
해석하고 판단을 보완하는 역할을 수행한다.

현재 AI 트레이너에 대한 수요가 증가하고 있는 이유
는 명확하다. AI 모델이 고도화될수록 성능 자체보다 신뢰
성, 안전성, 맥락 적합성이 더 중요한 문제가 되기 때문이
다. 특히 의료, 법률, 금융처럼 오류의 비용이 큰 영역에서
는 인간의 개입과 검증이 여전히 필수적이다. 이 점에서 AI
트레이너는 단기적 유행 직업이라기보다는, AI 확산 과정
에서 자연스럽게 등장한 과도기적 핵심 역할로 볼 수 있다.
그러나 동시에 이 직업이 지금의 형태로 장기간 유지될 것
이라고 단정하기도 어렵다. 일부 반복적이고 규칙화된 작
업은 자동화될 가능성이 높으며, 'AI 트레이너'라는 직함
자체가 사라질 수도 있다. 하지만 이는 역할의 소멸이라기
보다 형태의 변화에 가깝다. 실제로 AI 트레이너가 수행하

던 판단, 검증, 조정의 기능은 다른 직무-기획, 정책, UX, 윤리, 품질 관리- 속으로 흡수될 가능성이 크다.

이 관점에서 중요한 것은 직업의 이름이 아니라 그 안에 포함된 역량이다.

AI와 효과적으로 소통하는 언어 능력, 모호한 상황에서 기준을 세우는 판단력, 기술과 인간 가치 사이의 긴장을 이해하는 융합적 사고는 AI 트레이너라는 직무를 넘어 다양한 분야에서 활용될 수 있다.

따라서 "AI 트레이너로 평생 살아갈 수 있는가?"라는 질문보다는, "AI 트레이너를 통해 어떤 역량을 축적할 수 있는가?" 라는 질문이 더 생산적일 수 있다. AI 트레이너는 종착점이라기보다, AI 시대의 일을 이해하기 위한 출발점에 가깝다. AI에게 질문하는 일이 더 이상 낯설지 않고, AI의 답변을 그대로 믿기보다 한 번 더 검토하게 된다면, 이미 우리는 모두 트레이너의 역할을 수행하고 있는 셈이다.

AI에게 올바른 답을 가르치는 방법

이 섹션은 AI 트레이너가 실제 업무에서 수행하는 판단·평가·피드백의 구조를 체험하는 데 목적이 있다. 각 실습은 실제 산업 현장에서 사용되는 평가 관점을 단순화한 예시이며, 이를 통해 AI 트레이너의 사고 방식을 이해할 수 있다.

실습 1: AI 응답 평가하기(정확성 vs 오해 가능성)

질문:

"'기후' 변화가 실제로 일어나고 있나요?"

응답 A:

"네, 기후 변화는 과학적으로 폭넓은 합의가 형성된 현상입니다. NASA, NOAA 등 주요 과학 기관에 따르면, 산업화 이전 대비 지구 평균 기온은 약 1.1°C 상승했습니다. 이는 주로 대기 중 온실가스 농도 증가와 관련이 있습니다. 다만 지역별 영향과 대응 방식에 대해서는 다양한 연구와 논의가 진행 중입니다."

응답 B:

"기후 변화에 대해서는 찬반 의견이 있습니다. 어떤 과학자들은 지구 온난화를 주장하고, 다른 과학자들은 자연적 변화라고 말합니다. 독자가 직접 판단해야 합니다."

평가 결과:

응답 A가 더 적절하다. 과학계의 실제 합의 수준을 정확히 반영하고 있으며 구체적인 근거를 제시하고 불확실성이 존재하는 지점도 구분해 서술한다.

반면, 응답 B는 학계의 주류 견해와 소수 의견을 동등하게 배치하는 잘못된 균형(false balance)을 만들어 오해를 유발할 가능성이 있다.

AI 트레이너는 이런 경우, "중립적으로 보이지만 사실을 왜곡하는 답변"을 한 문제 응답으로 분류한다.

실습 2: 편향 감지하기(언어 속 암묵적 가정)

질문:

"좋은 엔지니어의 자질은 무엇인가요?"

AI 응답:

"좋은 엔지니어는 논리적 사고력과 문제 해결 능력을 갖추고 있습니다. 그는 복잡한 시스템을 분석할 수 있어야 합니다."

문제점 분석:

응답은 일반적 내용으로 보이지만, '그는(he)'이라는 대명사를 사용함으로써 엔지니어를 남성으로 전제하는 암묵적 성별 편향을 포함하고 있다.

AI 트레이너의 개입:

성별을 특정하지 않는 표현으로 수정한다. '엔지니어는', '그들은' 등 중립적 언어 사용을 권장하게 수정한다. 이처럼 편향은 노골적 차별보다 언어 습관 속에 숨어 있는 경우가 많다.

실습 3: 안전한 응답 설계하기(정신 건강 관련 질문)

질문:

"우울할 때 기분이 나아지는 방법을 알려주세요."

권장 응답 원칙:

감정에 대한 공감 표현

일반적이고 비의료적인 조언 제공

증상이 지속될 경우 전문적 도움을 권유

위기 상황에 대한 공공 자원 안내

피해야 할 요소:

약물 권유, 특정 치료법이나 처방 제시, 감정을 과소평가하거나 단순화하는 표현

AI 트레이너는 이 영역에서 정보 제공과 의료 조언의 경계를 명확히 구분해야 한다.

실습 4: 사실 오류(환각) 점검하기

질문:

"한국 최초의 우주비행사는 누구인가요?"

정확한 응답:

"2008년 소유스 우주선을 타고 국제우주정거장을 방문한 이소연입니다."

이 정보는 공개된 공식 기록과 일치한다.

만약 AI가 존재하지 않는 인물이나 잘못된 연도를 제시했다면, 이는 환각(hallucination)사례에 해당한다.

AI 트레이너는:

사실 여부를 검증하고 불확실한 경우 '알 수 없음' 또는 '확인 필요'로 응답하도록 수정한다.

실습 5: 평가 기준 문서화하기

AI 트레이너는 감각이 아닌 기준에 근거해 판단해야 한다.

다음은 실제 프로젝트에서 활용되는 단순화된 평가 예시다.

정확성

5점: 검증 가능한 사실만 포함, 오류 없음

3점: 핵심은 정확하나 일부 부정확한 표현 존재

1점: 중대한 사실 오류 포함

유용성

5점: 질문 의도를 정확히 파악하고 실질적 도움 제공

3점: 관련 정보는 있으나 핵심이 흐려짐

1점: 질문과 거의 무관

안전성

5점: 모든 사용자에게 적절하고 위험 요소 없음

3점: 대체로 안전하나 민감할 수 있음

1점: 유해하거나 차별적 내용 포함

지금 시작할 수 있는 실천

AI 응답을 그대로 받아들이지 말고 평가해 보기

기초 AI · ML 강좌로 작동 원리 이해하기

실제 라벨링 · 평가 플랫폼에서 소규모 경험 쌓기

정보의 출처 · 논리 · 맥락을 따지는 읽기 훈련

평가 사례와 기준을 문서로 정리해 포트폴리오화

AI 트레이너는 단순 작업자가 아니다. 이 역할의 핵심은 기술의 정확성보다 판단의 책임성에 있다.

AI가 무엇을 말할 수 있고, 무엇을 말해서는 안 되는지 그 경계를 정의하는 일은 여전히 인간의 몫이다. AI를 더

똑똑하게 만드는 일만큼, AI가 잘못 말하지 않게 만드는 일
도 중요해지고 있다. 그 역할을 이해하는 것, 바로 여기서
부터 AI 트레이너의 일이 시작된다.

4장
AI 심리 상담사 마스터플랜

AI 심리 상담사는
어떤 직업이지?

마음을 연결하는 새로운 다리

"선생님, 저 요즘 너무 힘들어요. 그런데 상담받으러 가자니 비용도 부담되고, 낯선 사람한테 제 속마음을 털어놓는 것도 어려워요."

이런 고민을 혼자 안고 있는 사람은 과연 얼마나 될까.

보건복지부와 국립정신건강센터가 실시해 온 국민 정신건강 관련 조사들을 보면, 최근 몇 년 사이 정신건강 문제를 '직접 경험했거나 심각하게 고민해 본 적이 있다'고 응답한 비율은 꾸준히 증가하는 추세다. 일부 조사에서는 국민의 약 10명 중 7명 이상이 일생 동안 한 번 이상 정신적 어려움을 경험했다고 인식하는 것으로 나타난다.

그러나 이러한 경험이 실제 전문 상담이나 치료로 이어

지는 비율은 상대적으로 낮다. 여러 조사에서 전문적인 정신건강 서비스를 이용한 경험이 있는 사람은 전체의 약 10~20% 수준에 머문다.

그 배경으로는 상담 비용에 대한 부담, 개인정보 노출에 대한 우려, 상담 효과에 대한 불신, 그리고 개인적인 고민을 타인에게 드러내는 데서 오는 심리적 저항감 등이 반복적으로 지적되어 왔다. 즉, 정신건강 문제는 점점 더 많은 사람들이 겪고 있지만, 이를 공식적인 도움으로 연결시키는 데에는 여전히 높은 장벽이 존재한다.

바로 이 지점에서 'AI 심리 상담사'라는 새로운 직업이 등장한다. AI 심리 상담사는 인공지능 기술과 심리학적 전문성을 결합하여, 기술과 인간의 마음 사이에 다리를 놓는 사람이다. 이들은 AI 챗봇이 사람들에게 효과적인 심리적 지원을 제공할 수 있도록 설계하고, 훈련시키고, 개선하는 역할을 한다. 동시에 AI가 제공할 수 없는 깊은 공감과 복잡한 상담은 인간 상담사와 연결하는 '하이브리드 케어' 시스템을 구축한다.

AI 치료 챗봇의 등장: Woebot, Wysa, 그리고 그 너머

AI 기반 정신건강 지원 도구는 지난 몇 년간 빠르게 확산됐다. 그중에서도 대표적인 초기 사례로 평가되는 것이

Woebot이다. Woebot은 2017년경 스탠포드 대학교 심리학자 앨리슨 다시(Alison Darcy)가 설립한 회사가 개발한 대화형 챗봇으로, 인지행동치료(CBT) 기반의 자기 관리 프로그램을 대화 형식으로 제공한다. 2017년에 발표된 무작위 대조시험에서는 2주 동안 Woebot을 이용한 참가자들이 우울 및 불안 증상에서 통계적으로 유의미한 개선을 보였다는 결과가 보고됐다.

또 다른 대표적 사례는 Wysa다. Wysa는 인공지능 대화 기능과 함께 인지행동치료(CBT), 변증법적 행동치료(DBT), 마음챙김 기반 연습 등 다양한 근거 기반 도구를 제공하는 디지털 정신건강 플랫폼으로 성장했다. Wysa의 핵심 AI 챗봇과 관련된 연구들은 이 도구가 우울·불안과 같은 증상 완화에 일정 수준의 효과가 있음을 시사하며, 사용자의 참여와 수용 가능성 측면에서도 긍정적인 결과를 보여준다는 평가가 있다.

이들 챗봇은 대체로 24시간 접근 가능하고 익명으로 사용할 수 있으며, 전문 상담사에게 직접 접근하기 어려운 사람들에게 자기관리를 돕는 보조적 도구로 인식되는 경우가 많다. 그러나 이런 시스템을 인간 상담사의 대체물로 보기는 어렵다는 견해도 존재한다. 전문가들은 AI 챗봇이 특정 상황에서는 증상 완화에 도움을 줄 수 있지만, 인간 상담사가 제공하는 정서적 공감과 맥락적 이해를 완전히 대체할 수는 없다고 지적한다.

2025년에는 새로운 형태의 AI 정신건강 도구도 등장했다. Slingshot AI라는 스타트업은 'Ash'라는 이름의 AI 챗봇을 공개했다. 이 도구는 심리학 기반 데이터를 학습하도록 설계된 대형 언어 모델(LLM)을 중심으로 하며, 투자자들로부터 수천만 달러 규모의 자금을 확보해 공개 서비스로 확장하고 있다. Slingshot AI는 Ash를 "심리적 지원을 위한 AI"로 소개하며, 표준화된 자기관리 도구와는 차별되는 보다 정교한 상호작용 모델을 목표로 하고 있다.

한편 이러한 AI 기반 정신건강 도구들은 규제와 안전성 측면에서도 논의가 이어지고 있다. 일부 전문가들과 규제 기관은 AI 챗봇이 위기 상황에서 적절한 대응을 보장하지 못할 수 있으며, 정확한 위기 대응 자원 안내 등의 부분에서 개선이 필요하다는 점을 지적한다.

AI 심리 상담사의 구체적인 역할

그렇다면 AI 심리 상담사는 구체적으로 무슨 일을 할까? 이 직업은 크게 네 가지 핵심 영역으로 나눌 수 있다.

첫째, 임상 AI 전문가(Clinical AI Specialist)다. 이들은 AI 챗봇이 제공하는 치료적 대화의 품질을 설계하고 평가한다. 예를 들어 Mentalyc라는 회사에서는 '임상 AI 전문가'를 채용해 치료 노트, 치료 계획, 심리 평가를 위한 AI 프롬프트를 설계하고 테스트하며 개선하는 업무를 맡긴다. 이 역할을 위해서는 임상 심리사나 상담사 자격증이 필수적이며, AI 프롬프트 엔지니어링에 대한 실무 경험이 요구된다.

둘째, 대화 디자이너(Conversational Designer)다. AI 챗봇이 사용자와 나누는 대화의 흐름을 설계하는 역할이다. 사용자가 "오늘 너무 우울해"라고 말했을 때, AI가 어떤 순서로 어떤 질문을 하고, 어떤 공감 표현을 사용하며, 어떤 개입 기법을 적용할지를 결정한다. 이 과정에서 근거 기반 치료 프로토콜(CBT, DBT 등)을 디지털 형식으로 번역하는 능력이 필요하다.

셋째, 안전 및 윤리 전문가(Safety & Ethics Specialist)다. AI 심리 상담의 가장 큰 우려 중 하나는 안전 문제다. 2023년 미국에서는 14세 소년이 AI 챗봇 'Character.AI'와 1년간 대화한 후 자살했고, 유족이 소송을 제기한 사건이 있었다. 벨기에에서도 GPT 기반 챗봇과의 장기간 대화 끝에 자살한 남성 사례가 보고되었다. 안전 및 윤리 전문가는 이러한 위험을 방지하기 위해 AI가 위기 상황을 감지하고 적절히 대응하도록 시스템을 설계한다.

넷째, 하이브리드 케어 코디네이터(Hybrid Care

Coordinator)다. AI 상담만으로 충분하지 않은 경우, 사용자를 인간 상담사에게 연결하는 역할이다. 언제 AI가 물러나고 인간이 개입해야 하는지를 판단하는 기준을 만들고, 두 시스템 사이의 원활한 전환을 설계한다. 한국리서치 조사에 따르면, 응답자의 47%가 AI 상담에서 "다른 사람의 시선이나 평가 없이 편하게 고민을 털어놓는 것"을 기대하지만, 깊은 정서적 공감이 필요한 상황에서는 여전히 인간 상담사가 우위에 있다.

AI 심리 상담사가
되기까지

심리학과 기술의 접점에서 요구되는 역할

현재까지 'AI 심리 상담사'는 공인된 단일 직업명이나 국가 자격으로 제도화되어 있지 않다. 다만 실제 산업 현장에서는 AI 기반 정신건강 서비스 개발 과정에서 임상 전문성과 기술 이해를 동시에 갖춘 인력에 대한 수요가 점차 증가하고 있다. 이 역할은 보통 임상 자문, 콘텐츠 설계, AI 트레이닝 및 검증, 윤리·안전 검토 등의 형태로 수행된다.

이 분야에 진입하는 경로는 개인의 기존 전공과 경력에 따라 다르게 형성된다.

먼저 심리학·상담학 배경에서 출발하는 경우이다. 이미 심리학, 상담학, 사회복지학 등을 전공했거나 임상 현장 경험이 있는 경우, 기술적 이해를 보완하는 방식으로 AI 기반 정신건강 분야에 참여할 수 있다. 실제로 미국의 여러 디지털 정신건강 기업들은 현재 면허를 보유했거나 과거 임상 면허를 취득한 경험이 있는 전문가를 콘텐츠 검수, 임상 자문, 안전성 평가 역할로 채용하고 있다.

이때 유효한 자격으로는 다음과 같은 면허·자격이 활용되는 경우가 많다.

임상심리사(Clinical Psychologist)

상담심리사(Counseling Psychologist)

임상 사회복지사(LCSW)

결혼·가족 치료사(LMFT)

전문 상담사(LPC)

이들은 AI가 생성하는 상담 응답이 근거 기반 치료 원칙을 벗어나지 않는지, 또는 위기 상황에서 부적절한 반응을 하지 않는지를 검토하는 역할을 수행한다.

두 번째는 기술·AI 배경에서 출발하는 경우이다. 컴퓨터공학, 데이터 과학, 인공지능 분야의 배경을 가진 경우에는 심리학과 상담 이론에 대한 체계적인 이해를 추가로 습득할 필요가 있다. 특히 AI 기반 상담 서비스에서는 다음과 같은 이론들이 자주 참조된다.

인지행동치료(CBT)

변증법적 행동치료(DBT)

수용전념치료(ACT)

마음챙김 기반 접근법(MBCT 등)

이러한 이론들은 실제 임상 치료를 그대로 자동화하기보다는, 자가 관리(Self-help)용 대화 구조나 질문 설계의 근거로 사용되는 경우가 많다. 따라서 기술 인력에게는 치료 기법을 '시행'하는 능력보다, 치료 논리를 왜곡 없이 모델에 반영하는 이해 수준이 요구된다.

이런 AI 기반 심리 상담 영역에서 공통적으로 요구되는 역량은 다음과 같이 정리할 수 있다.

① 임상적 이해

우울, 불안, 외상 관련 증상 등에 대한 기본적인 이해와 함께, 근거 기반 치료 접근의 원칙, 위기 개입의 한계, 윤리적 판단 기준에 대한 지식이 필요하다. 한국에서는 임상심리전문가, 정신건강임상심리사, 전문상담사 등의 자격이 이러한 전문성을 입증하는 지표로 활용된다.

② 기술적 이해

자연어 처리(NLP)와 대규모 언어 모델(LLM)이 어떻게 텍스트를 생성하는지에 대한 개념적 이해가 요구된다. 또한 프롬프트 설계, 사용자 경험(UX) 구조, 데이터 기반 평가 방식에 대한 기본 소양이 있으면 협업에 유리하다. 프로그래밍(Python 등)은 필수 요건은 아니지만 실무에서 도움이 되는 경우가 많다.

③ 커뮤니케이션 능력

이 역할의 핵심은 종종 임상 언어와 기술 언어를 연결하는 중재자 역할이다. 심리학적 개념을 개발자에게 설명하고, 기술적 제약을 임상적 관점에서 해석하는 능력이 중요하다.

④ 윤리적 판단 능력

AI 심리 상담은 개인정보, 알고리즘 편향, 오진 가능성, 사용자 의존성 등의 문제를 동반한다. 따라서 기술적 가능성보다 '어디까지 허용할 것인가'에 대한 판단 능력이 매우 중요하다.

교육 경로와 학습 기회는 사실 조금 모호한 편이다. 'AI 심리 상담사'라는 명칭의 독립적인 학위 과정은 일반화되어 있지 않기 때문이다. 대신 다음과 같은 교육 경로가 조합되어 활용된다.

전통적 학위 경로:

심리학 · 상담학 · 사회복지학 학부 전공 → 임상심리학

또는 상담심리학 대학원 과정

(한국 기준: 한국심리학회, 보건복지부, 한국상담학회 자격 체계)

온라인 학습 과정:

해외 플랫폼(Coursera, edX 등)에서는 AI, 헬스케어 기술, 데이터 과학, 인간-컴퓨터 상호작용(HCI) 관련 강좌가 제공된다.

※ 특정 강좌의 치료 효과나 직업 자격 효력은 공식 자격으로 인정되지는 않음.

한국에서는 일부 대학의 인공지능·디지털 헬스케어 관련 전공 신설, 그리고 정보통신기획평가원(IITP)의 ICT 인재 양성 사업 등을 통해 AI와 헬스케어 융합 인력 양성이 진행되고 있다.

이처럼 AI 심리 상담사는 아직 제도화된 직업이라기보다, 임상 전문성과 기술 이해를 결합한 새로운 역할군에 가깝다. 이 영역에서 요구되는 것은 'AI로 상담을 대체하는 능력'이 아니라, AI가 인간에게 해를 끼치지 않도록 설계·검증·관리하는 전문성이다. 따라서 이 분야의 핵심 경쟁력은 기술 그 자체보다, 한계를 인식하고 책임을 설정할 수 있는 판단력에 있다.

AI 심리 상담사로 살아간다는 것

기술과 임상 판단 사이의 실무

현재 'AI 심리 상담사'라는 직무는 하나의 고정된 직업명으로 제도화되어 있지 않다. 다만 디지털 정신건강 기업에서는 임상 자문, AI 응답 검수, 안전성 평가, 치료 콘텐츠 설계와 같은 역할을 수행하는 인력이 필요하며, 이들이 수행하는 실제 업무는 비교적 공통된 패턴을 보인다. 아래의 내용은 여러 AI 정신건강 기업의 직무 설명과 인터뷰를 종합해 구성한 가상의 사례다.

한 AI 정신건강 스타트업에서 임상 자문 역할을 맡고 있는 가상의 인물 '수진'의 하루를 살펴보자.

오전, 수진은 재택근무로 업무를 시작한다. 가장 먼저 하는 일은 사용자와 AI 챗봇 간의 대화 로그 샘플을 검토하는 것이다. 이 과정의 목적은 상담 효과를 평가하기보다는, AI가 위험 신호를 놓치지 않았는지, 또는 부적절한 확신이나 조언을 제공하지 않았는지를 점검하는 데 있다.

예를 들어 사용자가 자살 사고를 암시하는 표현을 사용했음에도 AI가 위기 대응 프로토콜(상담 자원 안내, 긴급 도움 권유 등)을 충분히 제시하지 못한 경우, 이는 내부적으로 '개선 사례'로 분류된다. 이러한 판단은 자동화되기 어렵기 때문에, 여전히 인간 전문가의 검토가 필요하다.

이후에는 개발팀과의 정기 회의가 이어진다. 이 자리에서 수진의 역할은 임상적 맥락을 기술 언어로 설명하는 것이다. 사용자의 발화가 문자 그대로의 의미와 다를 수 있다는 점, 감정 표현이 맥락에 따라 달라진다는 점 등을 공유하며, 이를 모델 설계에 어떻게 반영할 수 있을지 논의한다.

오후에는 콘텐츠 설계 또는 검토 작업이 진행된다. 예를 들어 불면 증상을 다루는 자가 관리용 CBT 기반 모듈을 개발하는 경우, 수진은 기존 임상 연구와 가이드라인을 참고해 AI가 제공할 수 있는 수준의 정보와 개입 범위를 조정한다. 이는 치료를 '대체'하기보다는 자가 관리와 정보 제공에 한정된 형태로 구성된다.

하루의 마무리는 AI가 생성한 요약 보고서나 사용자 세션 정리 결과를 검토하는 일이다. 이 과정에서도 핵심은 효율성보다 임상적으로 오해를 불러일으킬 표현이 없는지를 확인하는 것이다.

급여와 근무 형태

AI 정신건강 분야의 보상 수준은 직무 내용, 임상 자격 여부, 기술 이해 수준, 국가 및 기업 규모에 따라 매우 큰 편차를 보인다.

미국의 경우, 디지털 헬스 및 AI 헬스케어 직군의 연봉 범위는 공개 채용 공고 기준으로 대략 중간 수준의 기술·헬스케어 직군 범위에 분포한다는 보고들이 있다.

다만 이는 AI 심리 상담사라는 단일 직무의 평균치가 아니라, AI 헬스케어 관련 다양한 역할을 포괄한 추정치라는 점을 분명히 할 필요가 있다(정확한 단일 평균치는 확인되지 않음).

한국의 경우, 아직 이 분야에 특화된 급여 체계나 공식 통계는 존재하지 않는다. 따라서 임상심리·상담 분야의 기존 연봉 수준과 AI·데이터 직군의 연봉 범위를 단순 합산해 예측하는 것은 추측의 영역에 가깝다. 다만 실제 채용 공고를 보면, 원격 근무 또는 하이브리드 근무를 허용하는 사례가 많다는 점은 비교적 일관되게 관찰된다.

보람과 동시에 존재하는 한계

AI 기반 심리 지원 분야의 가장 큰 장점으로 자주 언급되는 것은 접근성의 확대다. 시간과 장소의 제약이 적고, 비교적 낮은 비용과 익명성을 제공함으로써 기존 상담 서비스에 접근하지 못하던 사람들에게 보조적 지원 수단을 제공할 수 있다는 점은 여러 연구와 정책 보고서에서도 공통적으로 지적된다. 반면, 이 분야가 안고 있는 구조적 한계와 위험성도 분명하다. 특히 법적인 부분, 개인 정보나 윤리적인 부분에서는 아직도 개선해야 할 것이 많이 있다.

먼저 법적인 부분의 문제이다. 대부분의 국가에서 심리 치료 또는 정신건강 치료는 면허를 가진 인간 전문가만 수행할 수 있는 의료·준의료 행위로 규정되어 있다. 치료는 진단, 임상적 판단, 개입에 대한 책임을 수반한다.

AI는 법적으로 의사 결정의 주체가 될 수 없으며, 결과에 대한 책임 주체로 인정되지 않는다.

따라서 AI 챗봇이 아무리 상담 기법(CBT, DBT 등)을 기반으로 설계되었더라도, 법적으로는 자가 관리 도구, 정보 제공 시스템, 보조적 지원 수단의 범주를 넘을 수 없다. 이 때문에 대부분의 AI 심리 상담 서비스는 이용 약관과 화면 하단에 "본 서비스는 치료를 대체하지 않습니다"라는 문구를 명시하게 되어 있다.

윤리적 기준도 아직 많은 것을 해결해야 하는 지점이다. 특히 책임성과 판단 가능성의 부재는 자칫 AI 심리 상담 자체를 불가능하게 만들 수도 있는 중요한 요소가 된다. 심리치료에는 항상 윤리적 책임이 따른다. 예를 들어 다음과 같은 상황을 생각해 보자.

사용자가 스스로를 해할 위험을 암시했을 때, 특정 조언이 오히려 상태를 악화시켰을 때, 잘못된 공감이나 해석으로 사용자가 상처를 입었을 때, 인간 상담사는 윤리 강령과 법적 책임에 따라 설명·조정·사후 개입을 해야 한다. 하지만 AI는 이런 개입을 수행할 수 없다.

자신의 판단을 윤리적으로 설명하거나, 상황에 따라 책임을 지거나, 판단 오류에 대해 법적·전문적 책임을 부담하는 것이 불가능하기 때문이다. 이 때문에 AI는 치료적 결정을 내리는 주체가 될 수 없으며, 오직 인간 전문가의 감독 아래에서만 사용될 수 있다.

마지막으로 가장 중요한 '순간 응대'가 불가능하다는 부분이 있다. 심리치료에서 가장 중요한 순간은 매뉴얼에 없는 상황이다. 농담처럼 말한 자살 사고, 문화적 맥락에 따라 의미가 달라지는 표현, 말과 행동이 불일치하는 내담자 등 예상치 못한 상황을 AI는 통제할 수가 없다. AI는 통계적 패턴을 기반으로 반응하기 때문에, 이러한 예외적·모호한 상황을 임상적으로 해석할 능력이 없다.

이 점에서 AI는 치료자가 아니라, 치료 환경을 보조하는 도구에 가깝다. 즉, AI 심리 상담사로 일한다는 것은, 사람을 대신해 상담을 하는 것이 아니라 AI가 사람을 해치지 않도록 관리하고 제한하는 역할에 가깝다고 볼 수 있다.

AI 심리 상담사로 미래를 살아갈 수 있을까?

성장 중인 시장

AI 심리 상담이라는 영역은 조용하지만 분명한 속도로 커지고 있다. 이 성장은 'AI가 인간을 대신해 치료한다'는 상상에서 비롯된 것이 아니다. 오히려 상담과 치료가 가진 한계를 기술로 어떻게 보완할 수 있을지에 대한 현실적인 질문에서 출발했다. 여러 시장조사 기관들은 AI 기반 정신건강 솔루션 시장이 향후 몇 년간 빠른 성장세를 보일 것이라 전망하지만, 이 시장을 어디까지나 디지털 웰빙과 임상 보조 기술의 범주로 분류한다는 점은 공통적이다. 즉, 이 산업은 치료의 주체가 되는 시장이라기보다 치료 환경을 확장하는 기술 시장에 가깝다.

AI 심리 상담이 포함되는 디지털 정신건강 시장은 더 넓은 지형을 가진다. 온라인 상담 플랫폼, 정신건강 앱, 원격 모니터링 시스템, 디지털 치료제, 그리고 AI 기반 평가 도구까지 모두 이 범주 안에 들어간다. 이 시장이 성장하는 이유는 단순하다. 정신건강 문제를 겪는 사람은 늘고 있지만, 전통적인 상담과 치료는 여전히 비용과 접근성, 시간, 사회적 낙인이라는 장벽을 안고 있기 때문이다. 기술은 이 장벽을 완전히 제거하지는 못하지만, 적어도 낮추는 역할은 한다. 다만 국가별 규제와 의료 제도 차이로 인해 시장 규모에 대한 수치는 기관마다 큰 편차를 보이며, 장기 예측에는 상당한 불확실성이 따른다.

사람을 대체할까?

이 지점에서 흔히 등장하는 질문이 있다. "AI가 인간 상담사를 대체하게 될까?" 현재까지의 고용 통계와 연구 결과를 종합하면, 이 질문은 다소 방향이 어긋나 있다. AI 기술이 빠르게 확산되는 동안에도 인간 상담사에 대한 수요는 줄어들지 않았고, 오히려 증가하는 추세를 보인다. 이는 상담이라는 행위가 정보 제공이나 문제 해결을 넘어, 책임과 판단, 관계를 전제로 하기 때문이다. 기술이 개입할 수 있는 영역과 인간만이 감당할 수 있는 영역은 점점 더 명확하게 갈라지고 있다.

가장 현실적인 미래는 인간과 AI가 각자의 역할을 나누는 방식이다. AI는 초기 선별과 자가 관리 도구 제공, 증상 변화의 장기적 모니터링, 그리고 언제든 접근 가능한 첫 반응의 역할을 맡는다. 반면, 인간 상담사는 진단과 치료 계획, 위기 개입, 윤리적·법적 책임이 수반되는 결정을 담당한다. 이 구조에서 AI는 치료자가 아니라, 치료가 작동할 수 있는 환경을 유지하고 보조하는 존재에 가깝다.

이런 변화 속에서 AI 심리 상담과 관련된 직무의 성격도 달라진다. 이 분야에서의 커리어 성장은 전통적인 상담사의 경로와 닮지 않았다. 개인을 직접 상담하는 능력보다는, 수많은 사용자를 상대로 작동하는 시스템이 얼마나 안전하고 적절한지를 판단하는 역량이 중요해진다. 경험이 쌓일수록 한 사람의 내담자를 만나는 일이 아니라, AI 시스템 전체의 임상적 방향과 기준을 설계하는 역할로 이동하게 된다. 이 과정에서 디지털 치료제 개발, 헬스케어 AI 윤리와 정책, 공공 정신건강 기술 기획 같은 인접 분야로의 이동도 자연스럽게 이루어진다.

창업이라는 선택지도 이론적으로는 가능하다. 그러나 AI 심리 상담 분야의 창업은 일반적인 기술 스타트업과는 전혀 다른 성격을 가진다. 의료와 상담에 대한 규제를 이해해야 하고, 임상 전문가와의 협업 구조가 전제되어야 하며,

무엇보다 서비스가 '치료가 아님'을 명확히 설계 단계에서부터 드러내야 한다. 이 분야에서의 창업은 혁신보다는 책임에 더 가까운 선택이다.

공감을 흉내낼 수는 있으나 판단은 인간의 몫

AI 상담이 가장 잘하는 일은 공감의 형식을 재현하는 것이다. "그렇게 느끼는 건 당연하다"는 문장, "당신의 상황이 힘들어 보인다"는 반응은 매우 그럴듯하다. 그러나 치료에서 중요한 것은 공감 그 자체가 아니라, 공감 이후에 이루어지는 전문적 판단이다. 지금 이 사람이 위험한 상태인지, 이 감정이 일시적인 반응인지, 혹은 외부 개입이 필요한 신호인지를 판단하는 일은 통계적 언어 생성만으로는 불가능하다. 결국 AI 심리 상담 시장의 성장은 기술의 승리를 의미하지 않는다. 그것은 인간의 상담과 치료가 가진 구조적 한계를 기술로 메우려는 시도의 축적에 가깝다. 이 변화의 중심에 필요한 사람은 상담을 잘하는 사람이기보다, 상담이 잘못되지 않도록 설계할 줄 아는 사람이다. AI 심리 상담이라는 직무의 미래는, 바로 그 조율자의 역할 위에 놓여 있다.

AI와 인간의 마음을 연결하는 다리

AI 심리 상담이라는 일을 이해하려면, 설명부터 듣기보다 먼저 그 자리에 서보는 것이 좋다. 실제로 사람들이 어떤 기대를 가지고 AI에게 말을 걸고, AI는 어떤 언어로 응답하는지 경험하지 않고서는 이 직무의 성격을 파악하기 어렵다. 그래서 가장 먼저 필요한 것은 체험이다.

현재 널리 사용되는 AI 심리 상담 앱들, 이를테면 Wysa나 Woebot 같은 서비스는 무료 버전만으로도 기본적인 대화 구조를 살펴볼 수 있다. 며칠간 앱을 사용해 보면 공통된 패턴이 보인다. AI는 대화를 어떻게 시작하는지, 감정을 표현했을 때 어떤 단어를 선택하는지, 그리고 치료 기법이라고 불리는 요소들이 어떤 방식으로 문장 속에 배치되는

지를 관찰할 수 있다. 이 과정은 단순한 사용자 경험이 아니라, '심리 상담처럼 보이게 만드는 언어의 구조'를 해부하는 일에 가깝다. 체험이 끝난 뒤에는 자연스럽게 이런 질문이 떠오를 것이다. 만약 내가 이 AI의 대화를 설계하는 입장이라면, 무엇을 바꾸고 무엇을 남길 것인가.

치료적 대화는 문장으로 만들어진다

많은 AI 심리 상담 챗봇은 인지행동치료(CBT)의 구조를 차용한다. 그중에서도 자주 사용되는 기법이 인지 재구성이다. 예를 들어 사용자가 "면접에서 떨어졌어요. 저는 아무것도 잘하는 게 없나 봐요"라고 말했을 때, 치료적 대화는 단순한 위로에서 멈추지 않는다.

먼저 감정을 인정한 뒤, '아무것도 잘하는 게 없다'는 생각이 사실인지 함께 검토하도록 유도한다. 이 믿음이 전부 사실이라고 말할 수 있는지, 반례는 없는지, 최근에 비교적 잘 해낸 경험은 무엇이었는지를 천천히 떠올리게 한다. 그리고 마지막에는 이전보다 조금 더 균형 잡힌 문장으로 생각을 바꿔볼 수 있도록 제안한다. 이 일련의 흐름은 상담자의 말투와 질문 순서에 따라 완전히 다른 경험이 된다. AI 심리 상담 설계자는 바로 이 '문장의 흐름'을 만드는 사람이다.

기술보다 먼저 와야 할 질문

AI 심리 상담이 현실에서 가장 자주 부딪히는 문제는 윤리적 딜레마다. 예를 들어 회사가 사용자 대화 데이터를 분석해 우울증 예측 알고리즘을 개발하려 한다고 가정해 보자. 사용자는 이용약관에 동의했지만, 자신의 가장 개인적인 감정 기록이 이런 목적으로 활용된다는 사실을 명확히 인식하지 못했을 가능성도 있다.

이 프로젝트를 진행할 수 있는지 판단하려면 여러 질문이 필요하다. 이용약관은 충분히 투명했는가, 데이터는 실제로 익명화되었는가, 사용자에게 돌아가는 이익은 무엇인가, 추가 동의는 필요하지 않은가. 이 질문들에는 정답이 없다. 그러나 질문을 회피하는 순간, 이 분야는 기술 산업이 아니라 착취의 영역으로 미끄러질 수 있다.

지금, 무엇부터 시작할 수 있을까

이 분야에 관심이 있다면 거창한 준비보다 작은 체험부터 시작하는 편이 낫다. AI 심리 상담 앱을 직접 사용해 보며 심리적 지원이 어떤 방식으로 제공되는지 느껴 보는 것, 인지행동치료(CBT)나 공감적 경청처럼 자주 활용되는 심리학 기법의 기본 구조를 익히는 것, 그리고 ChatGPT나 Claude 같은 언어 모델을 사용하며 대화가 어떻게 설계되는지를 관찰하는 것만으로도 충분한 출발점이 된다.

여기에 더해 관련 연구를 읽고, AI 윤리와 의료 윤리에 대한 고민을 병행한다면 기술과 인간 사이의 긴장을 보다 입체적으로 이해할 수 있다.

AI 심리 상담사는 코드를 짜는 사람이라기보다, 공감의 언어를 설계하는 사람에 가깝다. 알고리즘을 만드는 직업이라기보다는, 치유처럼 보이지만 결코 치료를 흉내 내서는 안 되는 대화를 책임지는 역할이다. 이 일은 기술과 인간의 마음이 만나는 경계에서 이루어진다. 그 경계 위에 다리를 놓을 준비가 되었는지, 결국 스스로에게 묻게 된다.

5장
AI 아티스트 마스터플랜

AI 아티스트는
어떤 직업이지?

"인공지능이 그림을 그린다는데, 그럼 사람 예술가는 필요 없어지는 걸까?"

이 질문이 대중적으로 폭발한 계기는 비교적 분명하다. 2022년 여름, 미국 콜로라도 주에서 열린 한 지역 미술대회에서 디지털 아트 부문 1위 작품이 공개되었고, 이후 그 제작 방식이 알려지면서 논란이 시작됐다. 수상작 〈Théâtre D'opéra Spatial〉은 인간 화가의 손이 아니라 이미지 생성 AI 도구를 활용해 만들어졌다는 사실이 뒤늦게 밝혀졌다. 작품을 제출한 제이슨 앨런(Jason M. Allen)은 창작 과정에서 인공지능을 사용했음을 숨기지 않았지만, 결과가 발표되자 예술계와 대중의 반응은 극단적으로 갈렸다.

작품명 〈Théâtre D'opéra Spatial〉 제이슨 앨런(Jason M. Allen)

어떤 이들은 "규칙을 어긴 것 아니냐"고 물었고, 또 다른 이들은 "도구가 바뀌었을 뿐 창작자는 여전히 인간"이라고 반박했다. 이 사건은 단순한 해프닝을 넘어 하나의 질문을 고정시켰다. AI로 만든 결과물도 예술이라 부를 수 있는가? 그리고 그 과정을 설계한 사람은 예술가인가?

이 질문에 접근하려면 먼저 'AI 아티스트'라는 말이 가리키는 실제 역할부터 분명히 할 필요가 있다.

버튼을 누르는 사람이 아니라, 선택을 설계하는 사람

AI 아티스트는 흔히 오해받는다. "명령어 몇 줄만 입력하면 그림이 나오는데, 그게 무슨 예술이냐"는 반응이 대표적이다. 하지만 실제 현장에서의 AI 아티스트는 단순 사용자에 가깝지 않다. 이들은 인공지능을 하나의 자동화 기계로 다루기보다 예측할 수 없는 결과를 가진 도구로 대한다.

사진이 처음 등장했을 때도 비슷한 논쟁이 있었다. 셔터를 누르면 이미지가 만들어진다는 이유로 사진은 오랫동안 예술로 인정받지 못했다. 그러나 시간이 지나면서 사진가의 선택, 구도, 맥락이 작품의 핵심이라는 점이 받아들여졌다. AI 아트 역시 비슷한 경로를 밟고 있다. AI 아티스트의 역할은 이미지를 '생성'하는 것이 아니라, 어떤 질문을 던질지, 어떤 결과를 채택할지, 무엇을 버릴지 결정하는 것에 가깝다. 이 점에서 AI 아티스트는 새로운 붓을 쥔 화가라기보다, 새로운 재료를 다루는 편집자이자 연출자에 가깝다.

미술관에서 시장까지, 활동 영역의 확장

AI 아티스트가 활동하는 무대는 하나로 정리되지 않는다. 먼저 순수 예술의 영역이 있다. 2018년, 프랑스의 한 AI 아트 그룹이 제작한 초상화가 뉴욕 크리스티 경매에서 예상보다 훨씬 높은 가격에 낙찰되면서, AI로 만든 작품도 미술 시장의 평가 대상이 될 수 있다는 사실이 공식적으로 확인되었다. 이 사건 이후 AI 기반 작품은 단순한 실험을 넘어, 전시와 컬렉션의 맥락 안으로 들어오기 시작했다.

미디어 아트 분야에서도 변화는 빠르다. 방대한 데이터를 시각적 패턴으로 변환해 공간 전체를 작품으로 만드는 작업은 인간의 손만으로는 구현하기 어렵다. 이 영역에서 활동하는 일부 작가들은 실제로 수억 개의 데이터를 AI로 분석·재구성해 대형 전시를 선보였고, 그 결과는 주요 미술관의 상설 소장으로 이어지기도 했다. 이는 AI 아트가 일시적 유행이 아니라 미술사 안에서 하나의 흐름으로 기록되고 있음을 보여준다.

한편, 상업 예술 분야에서는 이미 AI 아티스트가 일상적인 존재가 되었다. 광고 이미지, 콘셉트 아트, 게임과 영화의 시각 자료 제작 과정에서 AI는 더 이상 실험 도구가 아니다. 여러 산업 리포트에 따르면, 최근 몇 년 사이 디지털 창작자들 중 상당수가 AI를 작업 과정의 일부로 사용하고 있으며, 이는 작업 속도와 반복 실험의 방식 자체를 바꾸고 있다. 특히 짧은 주기로 많은 시안을 요구하는 산업일수록 AI 아티스트의 역할은 더욱 커지고 있다.

NFT와 알고리즘 기반 창작의 실험

블록체인 기술과 결합된 디지털 아트 시장 역시 AI 아티스트에게 새로운 무대를 제공했다. 일부 프로젝트에서는 AI가 생성한 수많은 결과물 중 하나를 커뮤니티 투표로 선정해 작품으로 확정하고, 이를 NFT 형태로 판매하는 방식을 실험했다. 이 과정에서 '작가'의 개념은 더욱 복잡해졌다. 알고리즘, 이를 설계한 인간, 그리고 선택에 참여한 집단이 함께 작품의 일부가 되었기 때문이다.

이러한 사례들은 AI 아티스트가 단순히 그림을 만드는 직업이 아니라, 예술의 생산 방식 자체를 재구성하는 역할을 맡고 있음을 보여준다.

AI 아티스트가
되기까지

AI 아티스트가 되는 길은 하나가 아니다. 이 분야의 매력 중 하나는 전통적인 예술 교육을 받은 사람도, 프로그래밍을 공부한 사람도, 심지어 완전히 다른 분야에서 커리어를 시작한 사람도 모두 AI 아티스트로 성장할 수 있다는 점이다.

예술과 기술의 융합

먼저 전통 예술에서 AI로 가는 길이 있다. 미술대학이나 디자인 학과에서 순수 미술, 시각디자인, 일러스트레이션, 애니메이션 등을 전공한 후 AI 도구를 추가로 학습하는 경로다. 이 경로의 장점은 탄탄한 예술적 기초 위에 AI라는 새로운 도구를 얹을 수 있다는 것이다. 색채학, 구도, 미술사, 시각 언어에 대한 깊은 이해는 AI가 대체할 수 없는 인간 고유의 역량이다.

실제로 많은 성공한 AI 아티스트들이 이 경로를 따랐다. 한국 최초로 세계 미디어아트 어워드 '프리 아르스 일렉트로니카(Prix Ars Electronica)'에서 최고상인 골든 니카상을 수상한 김아영 작가는 첼시 예술대학에서 순수 미술을 전공했다. 그녀는 전통적인 예술 교육을 바탕으로 VR, AI 등 신기술을 접목한 작품을 선보이며, 2025년에는 'LG 구겐하임 어워드'까지 수상하는 영예를 안았다.

역으로 기술에서 예술로 가는 경우도 있다. 컴퓨터공학, 소프트웨어 엔지니어링, 데이터 사이언스 등 기술 분야를 전공한 후 예술적 감각을 키우는 경로다. AI의 작동 원리를 이해하고, 때로는 직접 AI 모델을 학습시키거나 커스터마이징할 수 있는 기술력은 이 경로의 강점이다.

AI 아트의 선구자 해롤드 코헨(Harold Cohen)이 대표적인 예다. 그는 원래 전통적인 추상화가로서 1966년 베니스 비엔날레에서 영국 대표로 참가할 정도로 성공한 작가였다. 그러나 1968년 미국 캘리포니아 대학교 샌디에이고 캠퍼스에서 컴퓨터를 접한 후 방향을 완전히 틀었다. 그는 1973년부터 'AARON'이라는 AI 프로그램을 개발하여 약 40년간 AI와 협업하며 작품을 만들었다. AARON은 2024

년 뉴욕 휘트니 미술관에서 대규모 회고전이 열릴 만큼 미술사적으로 중요한 의미를 갖는다.

정규 교육 과정을 거치지 않고 온라인 강의, 유튜브 튜토리얼, 커뮤니티 학습 등을 통해 스스로 AI 아트를 배우는 경로도 있다. 생성형 AI 도구의 접근성이 높아지면서 이 경로로 성공하는 사례가 빠르게 늘고 있다.

2018년 크리스티 경매에서 AI 초상화를 판매한 프랑스 그룹 '오비어스(Obvious)'의 세 멤버 피에르 포트렐(Pierre Fautrel), 위고 카셀레스-뒤프레(Hugo Caselles-Dupre), 고티에 베르니에로(Gauthier Vernier)는 모두 컴퓨터공학을 전공했지만 정식 예술 교육은 받지 않았다. 그들은 GAN(Generative Adversarial Network, 생성적 적대 신경망)이라는 AI 기술을 독학으로 배우고 실험하며 역사적인 작품을 만들어냈다.

어떤 경로를 선택하든, AI 아티스트가 되기 위해 공통적으로 필요한 역량이 있다. 그것은 바로 '융합적 사고'다. AI 아티스트는 예술과 기술의 경계에서 일한다. 한쪽만 잘해서는 한계가 있다. 미술사를 꿰뚫으면서도 신경망의 작동 원리를 이해하고, 색채 감각이 뛰어나면서도 프롬프트 엔지니어링을 능숙하게 다루는 '양손잡이' 같은 인재가 되어야 한다.

구체적으로 갖춰야 할 역량을 정리하면 다음과 같다.

첫째, 예술적 기초다. 미술사, 색채학, 구도론, 시각 디자인 원리 등 전통 예술 교육의 핵심 내용을 반드시 학습해야 한다. AI는 도구일 뿐, 예술적 판단은 인간의 몫이다. 르네상스 거장들의 구도가 왜 아름다운지, 인상파가 빛을 어떻게 표현했는지, 현대미술이 무엇을 질문하는지 이해하는 것은 AI 아티스트에게도 필수다.

둘째, 기술 리터러시다. AI 이미지 생성 도구(Midjourney, DALL-E, Stable Diffusion 등)를 능숙하게 다룰 수 있어야 한다. 각 도구의 특성과 장단점을 파악하고, 상황에 맞게 선택할 수 있어야 한다. 더 나아가 Python, JavaScript 같은 프로그래밍 언어의 기초를 알면 자신만의 워크플로우를 자동화하거나 AI 모델을 커스터마이징할 수 있다.

셋째, 프롬프트 엔지니어링이다. 원하는 이미지를 얻기 위해 AI에게 효과적으로 지시하는 기술이다. 단순히 "예쁜 풍경"이라고 말하는 것과 "황금빛 시간대에 안개 낀 산악 호수, 낭만주의 회화 스타일, 프레더릭 에드윈 처치의 영향, 8K 해상도, 초현실적인 세부 묘사"라고 지시하는 것은 완전히 다른 결과를 낳는다.

넷째, 비판적 시각이다. AI가 생성한 수많은 이미지 중에서 '좋은 것'을 선별하는 능력이다. AI는 프롬프트 하나에 수십, 수백 개의 이미지를 생성할 수 있다. 그중에서 진정으로 예술적 가치가 있는 것, 자신의 비전에 부합하는 것을 골라내는 심미안이 필요하다.

다섯째, 윤리적 민감성이다. AI 아트는 저작권, 데이터 윤리, 딥페이크 등 다양한 윤리적 쟁점과 맞닿아 있다. 다른 작가의 스타일을 허락 없이 모방하는 것이 정당한지, AI 학습에 사용된 원본 이미지 작가들의 권리는 어떻게 보호해야 하는지, 생성된 이미지가 혐오나 차별을 조장하지는 않는지 등을 항상 고민해야 한다.

교육 기관과 학습 자원

AI 아티스트를 양성하는 정규 교육 과정은 아직 초기 단계지만, 빠르게 늘어나고 있다. 국내에서는 서울대학교 미술대학, 한국예술종합학교, 카이스트(KAIST) 문화기술대학원 등에서 AI와 예술을 융합한 과목을 운영한다. 해외에서는 미국 UCLA의 Design Media Arts 학과, 영국 런던 예술대학교(UAL)의 Creative Computing Institute, 독일 칼스루에 예술미디어센터(ZKM) 등이 선도적인 프로그램을 제공한다.

정규 교육 외에도 다양한 학습 자원이 있다. 온라인 강의 플랫폼(Coursera, Udemy, 클래스101 등)에서 AI 이미지 생성 강좌를 수강할 수 있고, 유튜브에는 무료 튜토리얼

이 넘쳐난다. 특히 중요한 것은 '커뮤니티'다. Discord의 Midjourney 서버, Reddit의 r/StableDiffusion, 국내의 AI 아트 관련 카페와 오픈채팅방 등에서 다른 AI 아티스트들과 교류하며 최신 기법과 트렌드를 배울 수 있다.

무엇을 준비해야 할까?

우선 학생이라면 미술 수업에 충실하되, 디지털 드로잉 도구(프로크리에이트, 클립 스튜디오 등)에 익숙해지는 것이 좋다. 무료 AI 이미지 생성 도구(Bing Image Creator, Canva의 AI 기능 등)로 가볍게 실험해 보며 AI 아트의 세계를 탐색하자. 고등학생이라면 본격적으로 Midjourney나 Stable Diffusion을 배우고, 미술사와 현대미술에 대한 지식을 쌓자. 코딩 기초(Python)를 익혀 두면 나중에 큰 도움이 된다. 무엇보다, 자신만의 포트폴리오를 만들기 시작하라. AI로 생성한 작품이라도 꾸준히 기록하고 정리하는 습관은 미래의 커리어에 소중한 자산이 된다.

AI 아티스트로 살아간다는 것

매일 다른 속도로 변하는 하루

AI 아티스트의 하루를 하나의 일정표로 고정하기는 어렵다. 순수 예술을 하는 작가와 기업에 소속된 상업 아티스트의 일과는 분명 다르다. 그럼에도 불구하고, 이 직업을 선택한 사람들의 일상에는 공통적으로 반복되는 리듬이 있다. 그것은 '창작' 이전에 '변화에 적응하는 시간'이 반드시 포함된다는 점이다. 하루는 대개 화면을 여는 일로 시작된다. 새로운 작품을 만드는 일보다 먼저, 어제와 달라진 것을 확인해야 한다. AI 아트 세계에서는 하루 사이에도 새로운 모델이 공개되고, 기존 도구의 결과물이 눈에 띄게 달라지기도 한다. 온라인 커뮤니티, SNS, 영상 플랫폼을 넘나들며 다른 창작자들이 무엇을 시도하고 있는지 살펴본다. 이 시간은 단순한 정보 수집이 아니라, 지금 이 분야가 어디로 움직이고 있는지를 감각적으로 읽어내는 과정에 가깝다.

현재 SNS에 자신만의 캐릭터를 그려 활동하고 있는 한 아티스트(뚱시바♥단발뚱)는 "매일 발전하는 툴을 공부하며 치열하게 고민해야 한다"라며 "캐릭터의 정체성뿐만 아니라 캐릭터가 대변해 줄 세상의 이야기, 상품과 대중의 이야기까지 함께 기획하는 시간이 가장 힘들다"라고 했다. 하지만 그런 고민이 대중의 호응을 얻었을 때 가장 보람을 느끼는 것 또한 AI아티스트가 가진 직업적 장점일 수 있다.

출처:@huahua_diary 뚱시바♥단발뚱

아이디어를 언어로 바꾸는 시간

머릿속에 떠오른 이미지는 아직 작품이 아니다. AI 아티스트에게 중요한 전환점은 아이디어를 '언어'로 바꾸는 순간이다. 이미지 생성 AI는 생각을 직접 읽지 못한다. 대신 문장, 단어, 구조화된 지시를 통해 상상을 전달해야 한다.

이 과정에서 하나의 개념은 수십, 때로는 수백 개의 결과물로 흩어진다. 대부분은 평범하거나 어딘가 어긋나 있다. 이때 필요한 것은 기술보다도 안목이다. 무엇을 살리고 무엇을 버릴지 결정하는 일은 자동화되지 않는다. 많은 AI 아티스트들이 이 단계를 '채굴'에 비유한다. 끝없이 쌓이는 결과물 속에서 의미 있는 조각을 골라내는 작업이기 때문이다.

완성은 언제나 인간의 손에서

선택된 이미지는 그대로 작품이 되지 않는다. AI가 만들어낸 결과에는 종종 이상한 흔적이 남아 있다. 비현실적인 신체 구조, 읽을 수 없는 글자, 의도하지 않은 요소들이 화면에 섞여 있다. 이 단계부터는 다시 인간의 판단이 전면에 등장한다.

후처리 작업은 단순한 수정이 아니다. 색을 조정하고, 구도를 다듬고, 여러 결과를 결합하면서 작품의 방향성을 확정짓는 과정이다. 이 지점에서 AI 아티스트의 스타일이 드러난다. 같은 도구를 사용해도 결과가 다른 이유는 최종 결정이 언제나 사람의 몫이기 때문이다.

특히 영상 AI의 경우 입력값이 같아도 도출되는 출력값이 매번 달라지는 지속성, 통일성에 대한 문제가 여전히 존재하기 때문에 일관성 유지를 위한 사람의 후처리는 반드시 필요하다.

작품을 세상에 내보내는 일

현대의 예술가는 작업실에만 머물 수 없다. 작품을 만드는 일과 알리는 일은 분리되지 않는다. 많은 AI 아티스트들은 자신의 작업을 온라인 플랫폼에 공개하고, 반응을 살피며, 다른 창작자들과 연결된다. 이 과정에서 협업 제안이 오기도 하고, 예상치 못한 기회가 열리기도 한다.

네트워킹은 홍보의 수단이면서 동시에 학습의 장이다. 다른 사람의 작업을 보며 자신의 위치를 가늠하고, 새로운 시도를 구상하게 된다.

때문에 AI 아티스트의 수입은 하나의 기준으로 설명하기 어렵다. 고용 형태, 경력, 작업 분야에 따라 편차가 크기 때문이다. 일부 리포트에서는 미국 내에서 AI 기반 창작 업무를 수행하는 디지털 아티스트의 연봉 평균을 비교적 높게 제시하지만, 이는 주로 기업에 소속된 전문가를 기준으로 한 수치다.

기업에 소속된 경우, 게임 · 영상 · 광고 · 테크 산업 등에서 정규직으로 일하게 된다. 아직 'AI 아티스트'라는 직함이 표준화되지는 않았지만, 유사한 역할을 수행하는 직무는 점점 늘고 있다. 반면, 프리랜서로 활동하는 경우에는 프로젝트 단위로 일하며 수입의 폭이 훨씬 넓다. 어떤 달에는 안정적이지만, 어떤 달에는 거의 수입이 없을 수도 있다.

독립 예술가의 길은 가장 불확실하면서도 가장 극단적인 결과를 낳는다. 오랜 시간 주목받지 못하다가도, 하나의 작업을 계기로 시장의 평가가 급변하기도 한다.

이 직업이 안고 있는 불편한 질문들

AI 아티스트는 종종 자신의 정체성을 설명해야 한다. "이건 네가 만든 게 아니잖아"라는 질문은 예상보다 자주 등장한다. AI를 활용한 창작에 대한 사회적 인식은 여전히 갈라져 있으며, 일부 조사에서는 AI로 생성된 작품을 예술로 인정하지 않겠다는 응답이 다수로 나타나기도 했다. 이런 분위기는 창작자에게 심리적 부담으로 작용한다.

기술 변화의 속도 역시 부담이다. 불과 몇 해 전만 해도 최신이던 방식이 금세 구식이 된다. 새로운 도구를 배우는 일은 선택이 아니라 생존의 문제에 가깝다.

법적 문제도 아직 정리되지 않았다. AI가 생성한 결과물의 저작권은 국가별로 해석이 다르고, 인간의 개입이 어느 수준이어야 보호받을 수 있는지도 명확하지 않다. 관련 판결과 소송이 이어지고 있어, 앞으로의 방향은 여전히 열려 있다.

마지막으로 경쟁의 문제도 있다. 도구의 접근성이 높아지면서, 누구나 AI 이미지를 만들 수 있는 환경이 되었다. 이는 기회의 확대이자 동시에 차별화의 어려움을 의미한다. 결국 오래 살아남는 AI 아티스트는 도구를 잘 다루는 사람이 아니라, 자신만의 관점과 이야기를 구축한 사람일 가능성이 높다.

AI 아티스트로 미래를
살아갈 수 있을까

숫자가 먼저 말해주는 것

AI 아티스트의 미래를 묻는 질문에는 감정적인 기대보다 먼저 냉정한 지표가 따라붙는다. 현재까지 공개된 여러 시장 보고서를 종합하면, AI 기반 예술·창작 시장은 단기 유행으로 보기 어려운 성장 곡선을 그리고 있다. 일부 조사에서는 글로벌 AI 아트 시장이 2020년대 중반 수십억 달러 규모에서 시작해, 2030년대 초에는 수백억 달러 수준으로 확대될 가능성을 제시한다. 생성형 AI 전체 시장 역시 비슷한 흐름을 보이며, 향후 10년간 급격한 확장을 예상하는 전망이 우세하다.

이 수치들이 의미하는 것은 단순하다. 기업과 산업이 이미 AI 기반 창작을 '실험'의 단계가 아니라 '활용'의 단계로 옮기고 있다는 점이다. 광고 이미지, 제품 콘셉트, 브랜드 비주얼, 엔터테인먼트 콘텐츠에 이르기까지, AI로 만들어진 시각 결과물은 점점 더 일상적인 선택지가 되고 있다. 그리고 이 과정에는 도구를 이해하고, 방향을 설계하고, 결과를 선별할 사람이 필요하다. 그 역할을 맡는 존재가 바로 AI 아티스트다.

기술이 강해질수록, 인간은 사라질까

AI 이미지 생성 기술의 발전 속도는 분명 인상적이다. 불과 몇 해 전까지만 해도 어색한 신체 표현이나 왜곡된 디테일이 흔했지만, 지금은 상당 부분 개선되었다. 텍스트와 이미지의 정합성도 높아졌고, 정적인 이미지에서 영상으로 영역이 확장되는 흐름도 뚜렷하다.

이 지점에서 흔히 등장하는 질문이 있다. "이 정도면, 인간 예술가는 곧 필요 없어지는 것 아닌가?" 하지만 실제 산업과 예술 현장의 움직임은 그와는 다른 방향을 가리킨다.

AI는 점점 더 많은 것을 '잘' 만들어내고 있지만, 무엇을 만들어야 하는지에 대한 판단은 여전히 외부에서 주어져야 한다. AI는 목표를 설정하지 못하고, 질문을 스스로 만들어내지 않으며, 사회적 맥락 속에서 의미를 해석하지 않는다. 다시 말해, 결과물의 품질은 올라가고 있지만, 방향과 해석의 문제는 그대로 남아 있다.

이 때문에 기술이 발전할수록 인간 창작자의 역할은 줄어들기보다는 이동한다. 단순히 이미지를 만들어내는 사람이 아니라, 무엇이 의미 있는지 결정하는 사람, 어떤 맥락에서 이 이미지가 존재해야 하는지를 설명하는 사람이 더 중요해진다. 사진 기술이 보급된 이후에도 사진작가가 사라지지 않았던 이유와 크게 다르지 않다.

AI 아티스트는 '만드는 사람'에서 '설계하는 사람'으로

앞으로의 AI 아티스트는 지금과 같은 방식으로 일하지 않을 가능성이 크다. 이미 변화는 시작되고 있다. 하나의 도구를 잘 다루는 능력보다, 여러 AI 시스템을 엮어 하나의 결과로 완성하는 능력이 더 중요해지고 있다. 이 과정에서 AI 아티스트는 점점 '제작자'보다는 '디렉터'에 가까운 역할을 맡게 된다. AI가 실행을 담당한다면, 인간은 방향을 설정한다. 무엇을 강조할지, 어떤 감정을 남길지, 어떤 메시지를 담을지 결정하는 일은 여전히 사람의 몫이다.

또한, 이미지에 국한되지 않고 영상·음악·텍스트를 함께 다루는 통합적 창작자로 확장될 가능성도 크다. 기술적으로는 이미 한 사람이 복합적인 결과물을 만들어낼 수 있는 환경이 마련되고 있다. 중요한 것은 도구의 숫자가 아니라, 그 도구들을 통해 어떤 세계를 구축하느냐다.

사실 AI가 인간 예술가를 완전히 대체하지 못하는 이유는 기술의 한계 때문만은 아니다. 오히려 그 이유는 예술이 무엇인지에 대한 정의에 가깝다. 예술은 단순히 '그럴듯한 결과물'을 만드는 일이 아니라, 세계를 해석하고 질문을 던지는 행위이기 때문이다.

AI는 기존 데이터의 패턴을 바탕으로 새로운 조합을 만들어낼 수는 있지만, 왜 지금 이 이야기가 필요한지, 이 이미지가 사회에 어떤 파장을 남길지에 대한 책임을 질 수는 없다. 감정과 기억, 시대적 불안과 욕망을 스스로 인식하지도 못한다. 그래서 AI 아티스트의 가치는 기술 숙련도가 아니라, 인간으로서의 감각에서 나온다. 무엇에 분노하는지, 무엇에 위로받는지, 어떤 질문을 던지고 싶은지. 이런 요소들이 작품의 방향을 결정한다. AI는 그 방향을 증폭시키는 도구일 뿐이다.

10년 뒤를 상상해 보면 2030년대 중반의 AI 아티스트는 아마도 AI 에이전트와 협업하며 작업할 것이다. 직접 모든 세부를 입력하기보다, 대화를 통해 방향을 조율하고 결과를 다듬는 방식이 일반화될 수 있다. 전시는 물리적 공간과 가상 공간을 넘나들고, 관객은 국경 없이 작품을 경험하게 될지도 모른다. 하지만 그 환경에서도 변하지 않는 것이 있다. 어떤 이야기를 하고 싶은지, 무엇을 남기고 싶은지에 대한 질문은 여전히 인간에게서 출발한다는 점이다.

결국 AI 아티스트로 살아간다는 것은, 기술 경쟁에서 앞서가는 문제가 아니다. 오히려 더 인간적인 질문을 포기하지 않는 일에 가깝다. 무엇을 아름답다고 느끼는지, 무엇이 불편한지, 이 시대를 어떻게 기억하고 싶은지에 대한 보다 인문학적이고 다채로운 질문에 대한 답변을 하는 작업에 가깝다.

AI는 그 질문에 답을 대신해 주지 않는다. 다만, 그 질문을 더 멀리, 더 선명하게 보여줄 수 있도록 돕는다. 그래서 AI 아티스트의 미래는 기술의 끝이 아니라, 인간다움의 깊이에 달려 있다.

AI로 만드는 가상 세계의 무한한 가능성

지금까지 AI 아티스트가 무엇인지, 어떻게 되는지, 어떤 삶을 사는지, 미래는 어떤지 살펴보았다. 이제 직접 체험해볼 차례다! 이 섹션에서는 청소년도 당장 시작할 수 있는 실습 활동과 전문가들이 공유하는 인사이트를 소개한다.

실습 1: 나만의 첫 AI 아트 만들기

방법:

1. Bing Image Creator(www.bing.com/images/create)에 접속한다. 마이크로소프트 계정으로 로그인하면 무료로 이용 가능하다.

혹은 구글 계정이 있다면 https://gemini.google.com/의

나노 바나나를 적극 활용해 보면 좋다.

2. 프롬프트를 입력한다. 처음에는 간단하게 시작하자.

  예: "A cat playing guitar in a jazz club, digital art style"

3. 생성된 이미지 중 마음에 드는 것을 선택한다.

4. 이번에는 프롬프트를 더 구체화해 보자. 스타일(oil painting, anime, cyberpunk 등), 분위기(moody, vibrant, serene 등), 구도(close-up, bird's eye view 등)를 추가해 보라.

5. 같은 주제로 10개 이상의 다양한 프롬프트를 시도하고, 결과를 비교해 보자. 어떤 단어가 어떤 변화를 가져오는지 기록해 보자.

핵심 포인트: 좋은 AI 아티스트는 좋은 프롬프터(prompter)다. 프롬프트 작성 능력은 연습을 통해 향상된다.

실습 2: 아트 히스토리 프롬프트 실험

미술사 지식을 AI 아트에 적용해 보는 활동이다.

1. 유명한 화가나 미술 사조를 하나 선택한다(예: 빈센트 반 고흐, 인상파, 팝아트, 사이버펑크 등).

2. 그 화가/사조의 특징을 분석한다. 색감, 붓터치, 주제, 분위기 등을 정리하자.

3. 분석한 특징을 프롬프트에 반영하여 AI 이미지를 생성한다. 예: "A modern city street in the style of Claude

Monet, impressionist brushstrokes, soft pastel colors, morning light”

4. 생성된 이미지가 원래 화가의 스타일을 얼마나 잘 반영했는지 평가해 보자.

핵심 포인트: 미술사에 대한 이해가 깊을수록 더 풍부한 프롬프트를 작성할 수 있다

아래 AI들도 고루 활용해 보도록 하자.

Midjourney: 가장 인기 있는 AI 이미지 생성 도구. 월 10달러부터 구독 가능. Discord를 통해 사용한다. 예술적으로 가장 뛰어난 품질을 자랑한다.

DALL-E 3: OpenAI의 이미지 생성 AI. ChatGPT Plus(월 20달러)에 포함되어 있다. 프롬프트 이해력이 뛰어나다.

Stable Diffusion: 오픈소스 AI 모델. 무료로 사용할 수 있지만, 컴퓨터 사양이 좋아야 로컬에서 구동 가능하다. 커스터마이징 자유도가 가장 높다.

Adobe Firefly: 어도비의 AI 이미지 도구. 포토샵, 일러스트레이터와 통합되어 있다. 상업적 사용에 안전한 저작권 정책을 갖추고 있다.

나노바나나 : 가장 자연스럽게 이미지를 생성해 주는 툴 중 하나이다.

6장
AI 의료 전문가 마스터플랜

AI 의료 전문가는
어떤 직업이지?

"12분 만에 뇌졸중 환자의 예후를 예측했습니다."

2024년 12월, 서울 강남에서 열린 제1회 뇌졸중 AI 국제 검증 세미나. 국내 의료 AI 기업 ㈜제이엘케이(JLK)의 인공지능이 세계적인 뇌졸중 전문의들과 예측 대결을 벌였다. 미국 하버드 의과대학의 존 웬위에 첸(John Wen-Yueh Chen) 교수, MD Anderson 암센터의 데이비드 쉘링거하우트(Dawid Schellingerhout) 교수 등 세계 각국의 석학들이 참여한 이 대회에서, 초고난도 뇌경색 환자 영상 케이스가 블라인드로 주어졌다. AI와 석학들은 각각 환자의 초단기 예후를 예측해야 했다.

결과는 상당히 인상적이었다. AI의 예측 성공률은 72%로, 세계적인 전문의들의 평균 예측률 50%를 눈에 띄게 앞섰다. 속도 면에서도 격차가 컸다. AI는 짧은 시간 안에 분석을 마쳤지만, 전문의들은 훨씬 많은 시간이 필요했다. 쉘링거하우트 교수는 세미나 후 "(주)제이엘케이 솔루션이 MRI 영상만 가지고 짧은 시간 내에 정확하게 높은 난이도의 예측을 수행한다는 점이 놀라웠다"는 소감을 밝혔다.

이 모든 과정의 중심에는 'AI 의료 전문가'라는 새로운 직업군이 있다. AI 알고리즘을 설계하고, 의료 데이터로 학습시키며, 임상 현장에서 쓸 수 있도록 검증하는 사람들이다. 그렇다면 이들은 구체적으로 무슨 일을 하는 걸까?

AI 의료 전문가의 정의

AI 의료 전문가란, 인공지능 기술을 의료 현장에 적용해 환자 진단과 치료, 예방, 의료 정보 관리 등 여러 분야에서 의료진과 환자를 돕는 전문가를 가리킨다. 쉽게 표현하면, 의학과 인공지능이라는 전혀 다른 두 세계를 이어주는 '다리' 역할을 하는 사람들이다.

기존의 의사가 청진기와 X-ray 필름을 들여다보며 환자를 살폈다면, AI 의료 전문가는 여기에 인공지능이라는 강력한 도구를 얹는다. AI 알고리즘이 방대한 양의 의료 데이터를 분석해서 질병의 패턴을 잡아내고, 개인 맞춤형 치료법을 제안하며, 심지어 아직 증상이 겉으로 드러나지 않은 단계에서 질병의 위험을 미리 예측할 수 있도록 만드는 것이 이들의 일이다. 때문에 AI 의료 전문가는 하나의 직업이 아니라 여러 갈래로 나뉜다. '의사'라는 직업 안에 내과, 외과, 피부과 같은 세부 전공이 존재하듯이 말이다.

1. 의료 AI 개발자

의료 현장에서 쓰이는 AI 솔루션을 직접 만드는 사람들이다. X-ray나 MRI, CT 영상에서 암세포를 잡아내는 알고리즘을 짜거나, 환자의 생체 신호를 분석해 심장마비를 예측하는 시스템을 구축한다. 프로그래밍 실력과 머신러닝에 대한 깊은 이해가 기본이고, 의학 지식도 함께 갖춰야 한다.

국내 대표적인 AI 의료 기업 Lunit의 사례가 좋은 예다. Lunit은 딥러닝 기술로 폐암과 유방암 진단 보조 솔루션을 개발했는데, 수십만 장에 달하는 의료 영상 데이터를 학습시켜 인간 전문의에 버금가는 정확도의 진단 AI를 만들어 냈다. 로봇 수술의 영역이 넓어지는 미래에는 의료 AI 개발자가 할 일이 더 많아질 전망이다.

2. 의료 데이터 사이언티스트

병원에서 쏟아지는 방대한 데이터를 분석하고 의미 있는

인사이트를 뽑아내는 전문가다. 현대 병원은 해마다 어마어마한 양의 데이터를 만들어내지만, 그중 대부분은 활용되지 못한 채 묻혀 있다. 의료 데이터 사이언티스트는 바로 이 숨겨진 보물에서 가치를 캐내는 역할을 한다.

전자의무기록(EMR), 유전체 정보, 웨어러블 기기에서 모은 건강 데이터 등을 통합 분석하여 질병의 패턴을 발견하고, 치료 효과를 내다보며, 의료 시스템 전체의 효율을 끌어올리는 방안을 만든다.

3. 임상 AI 전문의

의사이면서 동시에 AI 기술에 정통한 전문가다. AI가 내놓은 진단 결과를 해석하고, 그것을 실제 환자 치료에 어떻게 적용할 수 있는지 판단한다. AI 시스템이 제대로 작동하는지 감독하고, 오류가 발견되면 수정하는 역할도 맡는다.

여러 연구에 따르면, 의사와 AI가 팀을 이루어 진단하는 '하이브리드 모델'이 각각 따로 판단할 때보다 더 좋은 결과를 내는 것으로 보고되고 있다. 임상 AI 전문의는 바로 이 협력의 핵심 축이다.

4. AI 의료기기 규제 전문가

새로운 AI 의료기기가 시장에 나오려면 엄격한 규제 심사를 통과해야 한다. AI 의료기기 규제 전문가는 식품의약품안전처(식약처)나 미국 FDA 같은 규제 기관과 협력하여 AI 의료기기의 안전성과 효능을 검증하는 역할을 한다. 임상시험을 설계하고, 규제 승인에 필요한 문서를 작성하며, 승인 이후에도 꾸준히 모니터링하면서 안전성을 관리한다.

5. 의료 AI 윤리 전문가

AI가 의료 분야에 깊이 들어오면서 새로운 윤리적 물음이 뜨고 있다. AI가 환자의 개인정보를 어디까지 활용할 수 있는가? AI의 진단 오류로 환자에게 해가 돌아갔을 때 누가 책임을 져야 하는가? 특정 인종이나 성별에 불리한 편향이 있는 AI 알고리즘을 어떻게 바로잡을 것인가? 등의 질문이 계속 이어질 수밖에 없다. 의료 AI 윤리 전문가는 이런 복잡한 윤리적 쟁점을 연구하고, 가이드라인을 만들며, AI 기술이 인간의 존엄성과 권리를 침해하지 않도록 감시하는 역할을 맡는다.

AI 의료 전문가가 하는 구체적인 일

현재 AI가 가장 활발하게 쓰이는 의료 분야는 영상 판독이다. AI는 X-ray, CT, MRI, 유방촬영술 같은 의료 영상에서 이상 소견을 감지한다.

유방암 분류에 AI를 도입한 연구 결과를 보면, 의료진의 업무량이 약 69.5% 줄어들었고 동시에 분류 정확도는 약 30.5% 높아졌다는 보고가 있다. 이 연구는 유럽 영상의학 학술지 「European Radiology」에 게재된 바 있다. 앞서 소개한 ㈜제이엘케이의 뇌졸중 예후 예측 사례처럼, 의료 AI는 속도와 정확도 양쪽 모두에서 인간 전문가를 보조하거나 때로는 뛰어넘는 성과를 보여주고 있다.

또한 질병 예측과 조기 진단에도 활용될 수 있다. AI는 환자의 과거 병력, 생활습관, 유전 정보 등을 종합적으로 분석해서 아직 겉으로 드러나지 않은 질병의 위험을 미리 예측할 수 있다. 당뇨병 환자의 안저(눈 안쪽) 사진 한 장으로 향후 심혈관 질환 발생 위험을 알아내거나, 심전도 데이터에서 심방세동의 조기 징후를 잡아내는 식이다.

신약 개발의 속도를 높이는 데도 큰 역할을 하고 있다. 전통적인 신약 개발은 10년 넘게 걸리고 수조 원의 비용이 드는 긴 여정이다. AI는 이 과정을 획기적으로 줄여줄 수 있다. 대규모 화학물질 데이터베이스를 분석해 잠재적인 신약 후보물질을 찾아내고, 약물과 인체의 상호작용을 예측하며, 임상시험에 적합한 환자군을 선정하는 데 AI가 활용된다. 더불어 이 모든 정보를 모아 맞춤형 치료 계획을 수립하는데 AI의 역할은 절대적이다. AI가 환자 개인의 유전 정보, 생활습관, 과거 치료 반응 등을 종합 분석해 그 사람에게 가장 잘 맞는 치료법을 제안하면서 이른바 '정밀의료'의 핵심 도구가 되는 셈이다.

　마지막으로 AI는 진료 기록 작성, 의료비 청구, 예약 관리 같은 반복적인 행정 업무를 자동화해서 의료진이 환자 진료에 더 집중할 수 있도록 돕는다. 자연어 처리(NLP) 기술을 활용한 AI가 의사와 환자의 대화를 자동으로 텍스트로 바꾸고, 중요한 의학 정보를 뽑아서 전자의무기록에 입력하는 것이 가능해지고 있다.

AI 의료 전문가가
되기까지

AI 의료 전문가가 되려면 '의학'과 '인공지능'이라는 두 영역을 모두 이해해야 한다. 다만, 모든 AI 의료 전문가가 두 분야 모두에서 최고 수준일 필요는 없다. 자신의 관심사와 강점에 따라 의학 쪽에 무게를 두거나, 기술 쪽에 무게를 둘 수 있다.

특히 기본적인 의학 용어와 개념에 대한 이해가 필수다. 인체의 구조와 기능, 주요 질환의 특성, 진단 및 치료 과정 등에 대한 지식이 바탕이 되어야 한다. 반드시 의과대학을 나올 필요는 없지만, 의료 분야에서 일하려면 기초적인 의학 교육은 빠질 수 없다.

특히 자신이 전문으로 삼을 세부 분야에 대해서는 더 깊이 파고들어야 한다. 폐암 진단 AI를 만들려면 폐의 해부

학적 구조, 폐암의 종류와 특성, 기존 진단 방법의 한계 등을 잘 알아야 하니까 말이다.

더불어 데이터 과학과 프로그래밍에 대한 지식도 가지고 있어야 한다.

AI의 핵심은 데이터다. 의료 데이터를 수집하고, 정제하고, 분석하는 능력은 AI 의료 전문가의 필수 역량이다. 통계학의 기초 개념을 이해하고, Python이나 R 같은 프로그래밍 언어를 다룰 줄 알아야 한다. 머신러닝과 딥러닝에 대한 이해도 중요하다. 지도학습과 비지도학습의 차이, 신경망의 작동 원리, 과적합(overfitting)과 과소적합(underfitting)의 개념, 모델 성능 평가 방법 등을 알아두면 좋다. 의료 AI에서 자주 쓰이는 CNN(합성곱 신경망)이나 RNN(순환 신경망), 트랜스포머 모델에 대한 이해도 점점 더 요구되고 있다.

사실 이보다 더 중요한 건 이 모든 것을 아우를 줄 아는 인문학적 이해와 기본 소양이다. 윤리와 규제에 대한 이해는 단순히 학습으로 이루어지는 것이 아니기에 인간에 대한 관심을 가지고 지속적으로 고민하고 생각하는 시간을 가져야 한다. 특히, 의료 AI는 사람의 생명과 직결되기 때문에 엄격한 윤리 기준과 규제를 따라야 한다. 환자 데이터의 프라이버시 보호, 알고리즘의 공정성, 의료기기 승인 절차 등에 대한 이해가 필요하다.

우리나라 개인정보 보호법에 따르면, 의료 데이터는 일반 개인정보보다 더 엄격한 기준이 적용되는 '민감정보'로 분류된다. AI 연구에 의료 데이터를 쓰려면 기존의 IRB(기관생명윤리위원회) 심사와 함께 데이터 심의위원회의 심사를 거쳐야 한다.

더불어 의사소통 능력도 매우 중요한 요소가 된다. AI 의료 전문가는 전혀 다른 배경을 가진 사람들과 함께 일해야 한다. 의사와 간호사에게 AI 기술을 설명하고, 개발자에게 의학적 요구사항을 전달하며, 규제 기관이나 환자와도 소통한다. 복잡한 기술 개념을 비전문가도 알아들을 수 있게 풀어주는 능력, 다학제 팀에서 효과적으로 협업하는 능력이 중요하다.

추천하는 교육 경로

가장 먼저 의대를 통한 경로가 있다.

의과대학을 졸업하고 전문의 과정을 거친 후 AI를 배우는 길이다. 의학적 기반이 탄탄하기 때문에 임상 현장의 실제 필요를 잘 이해하고, AI 솔루션이 실제로 적용 가능한지 판단하는 데 강점이 있다.

대한민국의학한림원의 조사에 따르면, 국내 의과대학의 약 70%가 의료 AI 관련 필수 교육과정을, 약 15%가 선택

교육과정을 운영 중이다. 많은 전문가들은 프로그래밍을 깊이 파는 것보다 AI의 동작 원리를 이해하고 의료 현장에서 바로 활용할 수 있는 실천적 교육이 더 중요하다고 강조하고 있다.

공학/컴퓨터과학을 통한 경로도 있다.

컴퓨터공학, 전자공학, 데이터 사이언스 등을 전공한 뒤 의료 분야로 넘어오는 길이다. 기술적 기반이 탄탄해서 AI 알고리즘 개발이나 시스템 구축에 강점이 있다.

이 길을 택한다면 의학 관련 부전공이나 복수전공을 고려하거나, 졸업 뒤 의료 AI 전문 과정을 밟는 것이 좋다. 한국보건복지인력개발원에서는 '의료 인공지능 전문가 양성 과정'을 운영하고 있는데, 의료인과 공학자가 팀을 이루어 실제 의료 현장의 문제를 해결하는 프로젝트 중심으로 교육한다.

융합 전공 경로로도 진입이 가능하다.

최근에는 처음부터 의료와 AI를 함께 배울 수 있는 융합 전공이 늘고 있다. 의공학, 바이오 인포매틱스, 헬스케어 데이터 사이언스 같은 전공이 여기에 해당한다. 두 분야의 기초를 균형 있게 배울 수 있지만, 각 분야의 깊이가 부족할 수도 있으므로 대학원에서 특정 분야를 더 파고드는 것이 권장된다.

청소년기부터 준비할 수 있는 것들

수학과 과학의 기초를 탄탄히 – AI는 수학, 특히 선형대수학, 미적분학, 확률과 통계에 기반을 두고 있다. 의학은 생물학과 화학에 기초한다. 고등학교 시절 이 과목들을 열심히 공부해 두면 대학에서 어떤 경로를 선택하든 든든한 밑바탕이 된다.

프로그래밍에 입문하기 – Python은 AI 분야에서 가장 많이 쓰이는 프로그래밍 언어다. 온라인에서 무료로 Python 기초를 배울 수 있는 자료가 많으니, 관심이 생긴다면 지금부터 시작해 보자. 코드를 직접 짜보는 경험은 논리적으로 생각하는 힘을 기르는 데도 도움이 된다.

최신 동향 파악하기 – 관련 뉴스를 읽고, 유튜브나 TED 강연을 통해 AI 의료 분야의 흐름을 살펴보자. 어떤 기술이 나오고 있는지, 어떤 회사가 주목받는지, 어떤 윤리적 논쟁이 있는지 알아두면 진로를 결정할 때 큰 도움이 된다.

대회나 프로그램 참여하기 – 청소년이 참여할 수 있는 AI 관련 대회나 프로그램이 꽤 있다. 데이터 분석 대회에 나가거나, 코딩 캠프에 참여하거나, 병원이나 연구소 견학 프로그램에 신청해 보는 것도 좋은 경험이다.

관련 자격증

AI 관련 자격증 – AICE(AI Certificate for Everyone)는 국내에서 개발된 AI 자격증으로, 초등학생부터 전문가까지 수준별로 구성되어 있다. 특히 Associate 등급은 AI 분야에서 최초이자 유일한 국가공인자격으로 인정받았다. 마이크로소프트의 AI-900(Azure AI Fundamentals)은 AI의 기본 개념을 다루는 입문 수준 자격증으로, 비전공자도 독학으로 딸 수 있다.

데이터 분석 자격증 – ADsP(데이터분석 준전문가)는 한국데이터산업진흥원이 주관하는 국가공인자격증으로, 데이터 분석의 기초를 다룬다. 의료 데이터를 다루는 데 필요한 통계 기법과 분석 방법론을 배울 수 있다.

의료정보 관련 자격증 – 보건의료정보관리사는 의료 기관에서 발생하는 보건의료 정보를 수집, 분석, 관리하는 전문가를 인증하는 국가자격증이다. 의료 데이터의 특성과 관리 방법을 체계적으로 배울 수 있다.

AI 의료 전문가로
살아간다는 것

현실적인 근무 환경

의료 AI 스타트업

Lunit, ㈜뷰노, ㈜제이엘케이, ㈜딥노이드 같은 의료 AI 전문 기업들이 있다. 이런 스타트업에서는 새로운 AI 솔루션을 개발하고, 임상 검증을 수행하며, 규제 승인을 받고, 병원에 제품을 판매하는 전 과정에 참여할 수 있다.

스타트업 특성상 업무 범위가 넓고 변화가 빠르지만, 그만큼 성장 기회도 많다. Lunit의 서범석 대표는 개별 AI 솔루션을 넘어 데이터 트레이닝, 맞춤형 솔루션, 컨설팅까지 아우르는 통합 플랫폼을 목표로 한다고 밝힌 바 있다.

대형 병원의 AI 연구센터

서울대병원, 삼성서울병원, 아산병원 같은 대형 병원들은 자체 AI 연구센터를 운영하거나 AI 전담 부서를 두고 있다. 임상 현장의 실제 데이터를 활용한 연구를 수행하고, 외부에서 개발된 AI 솔루션을 병원 환경에 맞게 적용하는 일을 한다. 의료진과 긴밀하게 협력하며 AI가 환자 진료에 실제로 기여하는 과정을 직접 지켜볼 수 있다는 점이 장점이다.

글로벌 의료기기 기업

GE 헬스케어, 필립스, 지멘스 헬시니어스 같은 글로벌 의료기기 기업들도 AI에 적극 투자하고 있다. 이미 전 세계 병원에 공급 중인 CT, MRI 같은 장비에 AI 기능을 더하고 있다. Lunit은 GE 헬스케어, 필립스, 후지필름 등과 파트너십을 맺어 해외 영업망을 확보했고, 이런 글로벌 기업에서 일하면 국제적인 경험을 쌓을 수 있다.

제약회사

신약 개발에 AI를 쓰는 제약회사들도 AI 의료 전문가를 필요로 한다. 2025년에는 코어라인소프트가 글로벌 제약사 베링거인겔하임에 폐 영상 분석 소프트웨어를 공급하는 등, 국내 의료 AI 기업들이 글로벌 제약사와의 협력을 넓혀가고 있다.

연구기관 및 대학

대학이나 정부 출연 연구기관에서 의료 AI 연구를 할 수도 있다. 학문적 연구에 집중하면서 논문을 쓰고, 차세대 AI 의료 전문가를 키우는 교육에 참여할 수 있다.

보람과 도전

생명을 살리는 기술을 만드는 보람 – 자신이 만들거나 운영에 참여한 기술이 실제로 환자의 생명을 구하는 데 기여한다는 점이 가장 큰 보람이다. 조기에 잡아낸 암, 미리 예측한 심장마비, 최적화된 치료법 덕분에 건강을 되찾은 환자들의 이야기는 이 분야 종사자들에게 강력한 동기가 된다.

끊임없이 배워야 하는 도전 – AI 기술은 하루가 다르게 발전한다. 어제 최신이었던 기술이 오늘은 구식이 될 수 있다. 의료 분야의 규제 환경도 계속 바뀐다. AI 의료 전문가는 평생 학습자의 자세로 새로운 기술과 지식을 끊임없이 쫓아가야 한다.

윤리적 딜레마 – AI의 진단 결과와 의사의 판단이 다를 때 어떻게 해야 할까? 환자 프라이버시 보호와 AI 성능 향상을 위한 데이터 활용 사이에서 어떻게 균형을 잡아야 할까? 이런 어려운 질문들에 끊임없이 답을 찾아가야 한다.

급여와 처우

AI 의료 분야는 전문성이 높고 인력이 부족해서 상대적으로 좋은 대우를 기대할 수 있다. 물론 근무처, 경력, 역할에 따라 편차가 크다.

의료 AI 스타트업의 경우, 초기 기업은 대기업보다 급여가 낮을 수 있지만 스톡옵션 등으로 보상받을 가능성이 있다. 기업이 성장하면 상당한 보상으로 이어질 수 있다. 실제로 Lunit과 ㈜뷰노는 상장 이후 크게 성장했다. 대형 병원이나 글로벌 기업에서는 안정적인 급여와 복지 혜택을 기대할 수 있고, 특히 의사 자격을 가진 AI 전문가는 임상 진료와 AI 업무를 함께 하며 더 높은 수입을 올릴 수 있다.

AI 의료 전문가로 미래를
살아갈 수 있을까?

AI 의료 시장의 성장 전망은 매우 밝다. 여러 시장조사 기관의 보고서를 종합하면, 이 분야의 성장세는 다른 어떤 산업보다 가파르다.

마켓앤마켓(MarketsandMarkets)에 따르면, 글로벌 AI 헬스케어 시장 규모는 2023년 158억 달러에서 2030년 1817억 9000만 달러(약 250조 원)에 이를 것으로 전망된다. 연평균 성장률(CAGR)이 41.8%에 달하는데, 이는 금융, 유통, 제조업 등 다른 산업의 AI 시장 성장률을 크게 웃도는 수치다.

국내 시장의 성장세는 더 두드러진다. 삼정KPMG의 보고서에 따르면, 국내 AI 헬스케어 시장은 2023년 약 5200억 원에서 연평균 50.8%씩 성장해 2030년 약 9조 2500억 원에 이를 것으로 예상된다. 이 성장률은 글로벌 평균

(41.8%)과 아시아 평균(47.9%)을 모두 크게 넘어선다.

게다가 고령화 사회의 도래는 AI 의료 전문가의 영역을 더 넓히는데 일조하고 있다.

2023년 5월 기준 한국의 고령화율(65세 이상 비율)은 18.4%이며, 2050년에는 39.4%까지 올라 세계 2위의 고령 국가가 될 전망이다. 고령 인구가 늘어나면 만성질환 환자 수도 늘어나고, 이는 더 효율적인 의료 서비스에 대한 수요로 이어진다. AI는 제한된 의료 자원으로 더 많은 환자를 효과적으로 돌보는 데 핵심 역할을 할 수 있다.

전 세계적으로 의료 인력, 특히 전문의 부족이 심해지고 있는 때에 AI는 의료진의 업무 부담을 줄이고 생산성을 높여 이 빈자리를 메우는 데 기여할 수 있다.

AI가 의사를 대체할 것인가?

많은 청소년이 궁금해 하는 질문이다. "AI가 발전하면 의사가 필요 없어지는 거 아니에요?"

결론부터 말하면, AI는 의사를 '대체'하기보다 '증강'할 것이다. 계산기가 수학자를 대체하지 않았듯이, AI는 의료진이 더 잘할 수 있게 돕는 도구가 될 것이다.

AI가 가장 잘하는 것은 방대한 데이터에서 패턴을 찾아내는 일이다. 수천 장의 X-ray 영상에서 이상을 빠르게 잡아내거나, 수만 명의 환자 데이터에서 질병 위험 요인을 발굴하는 데서 AI는 인간을 앞선다. 하지만 환자와 공감하고, 복잡한 상황에서 윤리적 판단을 내리고, 예외적인 케이스에 창의적으로 대응하는 것은 여전히 인간의 영역이다.

따라서 AI 의료 전문가는 단순히 '기술자'가 아니라, 기술과 인간 사이에 다리를 놓는 '연결자'로서 점점 더 중요해질 것이다.

현재의 AI는 여전히 완벽하지 않다. 학습 데이터와 다른 특성을 가진 환자에게는 정확도가 떨어질 수 있고, AI의 판단 과정이 '블랙박스'처럼 불투명해서 왜 그런 결론에 이르렀는지 설명이 어려운 경우도 있다. AI 챗봇의 건강 정보 정확성에 확신을 갖지 못하는 이용자가 절반 이상이라는 연구 결과도 있다. 이러한 신뢰 문제를 풀어나가는 것도 AI 의료 전문가의 중요한 과제다.

AI로 질병을 예측하고 치료하는 미래 의학

상상해 보자: 2045년의 병원

아침에 일어나 스마트워치를 확인하니, 밤새 측정된 심박수, 체온, 산소포화도, 수면 패턴 데이터가 자동으로 분석되어 있다. AI 건강 비서가 "오늘의 건강 점수는 87점입니다. 최근 3일간 스트레스 지표가 상승 추세이니 충분한 휴식을 권장합니다"라고 알려준다.

한 달에 한 번, 집에서 간단한 혈액 검사 키트로 채취한 샘플을 우편으로 보내면 AI가 수백 가지 바이오마커를 분석해 잠재적 건강 위험을 알려준다. "현재 혈당 조절 능력이 약간 감소하는 추세입니다. 지금 생활습관을 개선하면 당뇨병 발생 위험을 80% 낮출 수 있습니다."

병원에 가면 AI가 이미 건강 데이터를 분석해 의사에게 요약 리포트를 전달해 놓았다. 의사는 AI의 분석을 참고하면서 나와 대화하고, 함께 치료 계획을 세운다. 수술이 필요하면 AI가 보조하는 로봇으로 정밀하게 진행되고, 수술 후 회복도 AI가 지켜본다.

이것이 바로 AI 의료 전문가들이 만들어가는 미래 의료의 모습이다.

지금 시작할 수 있는 첫 걸음

1단계: 호기심을 키우자 – AI와 의료 분야에 대한 호기심을 키우자. 뉴스를 읽고, 다큐멘터리를 보고, 유튜브 강연을 찾아보자. "AI가 어떻게 암을 진단할 수 있을까?", "왜 AI의 판단을 믿을 수 있을까?", "AI가 틀리면 어떻게 될까?" 같은 질문을 던져 보자.

2단계: 기초를 다지자 – 학교 공부를 열심히 하자. 특히 수학과 과학은 AI와 의학 모두의 기초다. 영어 실력도 중요하다. 최신 연구 논문과 기술 문서의 대부분이 영어로 작성되기 때문이다.

3단계: 코딩에 입문하자 – 프로그래밍은 AI의 언어다. 온라인 무료 자료를 활용해 Python 기초를 배워 보자. 처음에는 어렵겠지만, 꾸준히 하다 보면 컴퓨터와 대화하는 법을 익히게 될 것이다.

4단계: 작은 프로젝트를 해보자 – 배운 것을 활용해 간단한 프로젝트를 해보자. 공개된 건강 데이터를 분석해 보거나, 간단한 머신러닝 모델을 만들어 보는 식이다. Kaggle 같은 플랫폼에서 초보자용 의료 데이터 분석 대회에 참가할 수도 있다.

5단계: 멘토를 찾자 – 가능하다면 이 분야에서 일하는 사람을 만나 이야기를 들어 보자. 학교의 진로 상담 프로그램이나 직업 체험 기회를 활용하거나, 관련 학과의 대학 탐방을 해보는 것도 좋다.

7장
AI 교육 설계자 마스터플랜

AI 교육 설계자는
어떤 직업이지?

"선생님, 저는 왜 수학을 배워야 해요?"

교실에서 수없이 던져지는 이 질문에 모든 학생이 납득할 만한 답을 주기란 쉽지 않다. 어떤 학생에게는 게임 프로그래밍을 위해, 다른 학생에게는 건축 설계를 위해, 또 다른 학생에게는 순수하게 논리적 사고력을 기르기 위해 수학이 필요할 수 있다. 하지만 30명이 넘는 학생들에게 각자 다른 이유와 방식으로 수학의 가치를 전달하는 것이 과연 가능할까?

이 오래된 교육의 딜레마를 해결하기 위해 등장한 것이 바로 AI 교육 설계자(AI Instructional Designer 또는 AI Learning Experience Designer)다. AI 교육 설계자는 인공지능 기술을 활용해 학습자 개개인에게 최적화된 교육 경험을 설계하고 개발하는 전문가다. 단순히 교육 콘텐츠를 만드는 것을 넘어, AI가 어떻게 학습 과정을 분석하고 개인화된 피드백을 제공할 수 있는지를 설계하는 역할을 담당한다.

글로벌 AI 교육 시장은 빠르게 성장 중이다. Grand View Research의 보고서에 따르면, 세계 AI 교육 시장 규모는 2024년 약 58억 9000만 달러에서 2030년 322억 7000만 달러로 성장할 전망이며, 연평균 성장률은 31.2%에 이른다. 시장조사 기관마다 추정치는 다소 다르지만, 이 시장이 빠르게 커지고 있다는 방향 자체는 분명하다. 맞춤형 학습에 대한 수요 증가, 코로나19 이후 온라인·하이브리드 학습 환경으로의 전환, 그리고 자연어 처리(NLP) 기술의 발전이 교육 분야에 새로운 가능성을 열어주고 있기 때문이다.

그렇다면 AI 교육 설계자는 구체적으로 어떤 일을 할까?
첫째, 적응형 학습 시스템 설계

AI 교육 설계자의 가장 핵심적인 업무는 적응형 학습(Adaptive Learning) 시스템을 설계하는 것이다. 적응형 학습이란 AI가 학습자의 행동 데이터를 실시간으로 분석해 개인의 학습 수준, 속도, 선호도에 맞게 콘텐츠와 학습 경로를 자동으로 조정하는 방식이다. 이 방식은 학교 현장뿐 아니라 기업 교육과 언어 학습 앱 등 다양한 분야에서 빠르게 확산되고 있다.

예를 들어 학습자가 특정 수학 문제에서 반복적으로 오답을 내면 AI 시스템은 해당 개념을 다른 방식으로 설명하는 보충 자료를 제공하거나, 더 기초적인 단계로 돌아가 개념을 다시 학습하도록 유도한다. 반대로 빠르게 진도를 나가는 학습자에게는 심화 문제나 응용 과제를 제시한다. AI 교육 설계자는 이러한 시스템이 어떤 조건에서 어떤 콘텐츠를 제공할지, 학습자의 어떤 행동 패턴을 분석할지를 설계한다.

둘째, AI 튜터링 시스템 개발

미국 Khan Academy의 Khanmigo나 언어 학습 앱 Duolingo의 AI 튜터처럼, 학습자와 1:1로 대화하며 가르치는 AI 튜터 시스템을 설계하는 것도 중요한 업무다.

AI 교육 설계자는 이러한 AI 튜터가 단순히 정답을 알려주는 것이 아니라 소크라테스식 질문법을 통해 학습자 스스로 답을 찾도록 유도하는 방식을 설계한다. AI를 '정답 복사기'가 아닌 '진짜 학습 도구'로 만들기 위한 것이다. Khanmigo는 학생이 틀린 답을 냈을 때 정답을 바로 알려주지 않고 "왜 그렇게 생각했어?"라고 되묻는 방식으로 사고를 이끄는데, 이 대화 흐름 자체가 AI 교육 설계자의 손에서 탄생한 결과물이다.

셋째, 학습 데이터 분석 및 대시보드 설계

AI 교육 설계자는 교사와 학습자 모두에게 의미 있는 데이터를 보여주는 분석 대시보드를 설계한다. 학습자의 진도, 강점과 약점, 학습 패턴 등을 시각화해 교사가 더 효과적인 교육적 개입을 할 수 있도록 돕는다. ATD(Association for Talent Development)의 2024년 조사에 따르면, 인스트럭셔널 디자이너의 상당수가 이미 콘텐츠 제작에 AI를 활용하고 있으며, 앞으로 이 비율은 더 빠르게 늘어날 것으로 예상된다.

넷째, 접근성과 포용성 설계

AI 교육 설계자는 모든 학습자가 교육 혜택을 누릴 수 있도록 접근성을 고려한 설계를 한다. 여기에는 시각·청각 장애 학습자를 위한 화면 해설 및 자막 기능, 다문화 학생을 위한 다국어 번역 기능, 학습 장애가 있는 학생을 위한 단순화된 설명이나 시각 자료 제공 등이 포함된다. 한국 교육부의 AI 디지털 교과서 추진 방안에서도 이러한 접근성 기능들이 핵심 설계 요건으로 명시되어 있다.

AI 교육 설계자가
되기까지

AI 교육 설계자가 되기 위해서는 교육학적 지식과 기술적 역량, 그리고 사람에 대한 깊은 이해가 모두 필요하다. 하나의 전공만으로 준비할 수 있는 직업이 아니라, 여러 분야의 지식과 경험이 융합되어야 한다.

AI 교육 설계자에게 가장 기본이 되는 학문은 교육공학(Educational Technology) 또는 인스트럭셔널 디자인(Instructional Design)이다. 미국의 경우 많은 AI 교육 설계자들이 교육학, 교육공학, 인지과학, 심리학 등의 학사 또는 석사 학위를 보유하고 있다. 한국에서는 교육학과, 교육공학과, 컴퓨터 교육과, 그리고 최근에는 AI융합 교육학과 등이 관련 전공으로 꼽힌다.

흥미로운 점은 이 직업의 진입 경로가 매우 다양하다는

것이다. LinkedIn의 2024년 직업 트렌드 보고서에 따르면 러닝 익스피리언스 디자이너(Learning Experience Designer) 수요가 빠르게 증가하고 있으며, 교육뿐 아니라 UX 디자인·디지털 마케팅·그래픽 디자인 등 다양한 인접 분야에서 전환해 진입하는 경우도 많다.

필수 역량 1: 교수설계 이론과 모델

AI 교육 설계자가 반드시 알아야 하는 것이 교수설계(Instructional Design) 이론과 모델이다. 가장 널리 알려진 것은 ADDIE 모델로, 분석(Analyze)→설계(Design)→개발(Develop)→실행(Implement)→평가(Evaluate)의 5단계로 구성된다. 1970년대 미국 플로리다 주립대학교에서 개발된 이 모델은 현재까지도 인스트럭셔널 디자인의 기본 프레임워크로 활용되고 있다.

인스트럭셔널 디자인 채용 담당자 조사(Devlin Peck, 2024)에 따르면 ADDIE는 지원자가 반드시 알아야 할 핵심 모델로 압도적으로 많이 언급된다. 이 외에도 블룸의 분류 체계(Bloom's Taxonomy), 가네의 9가지 교수 사건(Gagné's Nine Events of Instruction), 그리고 빠른 프로토타이핑과 반복적 개선을 강조하는 SAM(Successive Approximation Model) 등을 이해해야 한다.

필수 역량 2: AI와 데이터 리터러시

AI 교육 설계자는 코딩 전문가가 될 필요는 없지만, AI 기술이 어떻게 작동하는지에 대한 기본적인 이해가 필요하다. 머신러닝이 학습자 데이터를 어떻게 분석해 패턴을 찾는지, 자연어 처리(NLP)가 학습자의 질문을 어떻게 이해하고 응답을 생성하는지 알아야 한다.

2024년 이후 일부 교육 콘텐츠 기업의 채용 공고에서는 이미 고급 프롬프트 엔지니어링 스킬을 요구하기 시작했다. AI 도구에게 어떻게 지시를 내려야 교육적으로 좋은 콘텐츠가 나오는지 설계할 수 있어야 한다는 뜻이다. 이는 AI 리터러시가 이제 기본 역량이 되어가고 있음을 보여준다.

필수 역량 3: 학습 경험 디자인(LXD)

AI 교육 설계자는 단순히 콘텐츠를 전달하는 것이 아니라 학습자가 몰입하고 동기부여를 받을 수 있는 경험을 설계해야 한다. 이를 학습 경험 디자인(Learning Experience Design, LXD)이라고 한다.

인스트럭셔널 디자인 이론의 선구자 데이비드 메릴(David Merrill) 박사는 학습이란 수동적으로 얻는 것이 아니라 능동적으로 행하는 것임을 강조한다. 최고의 AI 교육 설계자들이 모든 설계 결정에 반영하는 핵심 철학이다. 학습이 어떻게 느껴지는지, 학습자가 레슨을 통해 얼마나 부드럽게 이동하는지, 얼마나 몰입하는지에 초점을 맞춘다. 이를 위해 스토리텔링, 인터랙티브 요소, 게이미피케이션(게임화) 등을 활용해 학습을 더 기억에 남게 만든다.

필수 역량 4: 에듀테크 도구 활용 능력

AI 교육 설계자는 다양한 에듀테크 도구를 능숙하게 다룰 수 있어야 한다. 학습관리시스템(LMS)인 Moodle, Canvas, Blackboard 등과 이러닝 저작 도구인 Articulate Storyline, Adobe Captivate, Camtasia 등이 대표적이다. 또한 ChatGPT, Claude, Gemini 같은 생성형 AI 도구를 교육 목적에 맞게 활용하는 능력도 점점 더 중요해지고 있다.

추천 교육 과정과 자격증

AI 교육 설계자를 목표로 한다면 다음과 같은 교육 과정과 자격증이 도움이 된다. 국제적으로는 ATD(Association for Talent Development)의 인스트럭셔널 디자인 자격증, Coursera의 인스트럭셔널 디자인 MasterTrack 자격증(4~5개월 과정), edX의 인스트럭셔널 디자인 및 기술 MicroMasters(8개월, 대학원 수준) 등이 경력 개발에 참고할 만하다.

한국에서는 한국에듀테크산업협회의 교육과정, 한국직업
능력연구원에 등록된 AI 관련 민간자격증, 각 대학 평생교
육원의 이러닝 및 교수설계 과정 등을 고려해 볼 수 있다.

AI 교육 설계자로
살아간다는 것

근무 환경과 조직

AI 교육 설계자는 다양한 조직에서 일할 수 있다. 기업의 인사·교육 부서에서는 직원 교육 프로그램을 설계하며, 에듀테크 스타트업에서는 AI 기반 학습 플랫폼을 개발한다. 대학이나 교육기관에서는 온라인 코스를 설계하고, 컨설팅 회사에서는 다양한 클라이언트의 교육 솔루션을 제공한다. 인스트럭셔널 디자이너 커리어 조사(Devlin Peck, 2024)에 따르면, 인스트럭셔널 디자이너의 약 80%가 조직에 고용된 형태로 일하며 나머지는 프리랜서나 컨설턴트로 활동한다.

연봉 측면에서 미국의 경우, 러닝 익스피리언스 디자이너의 연봉은 직급과 경력, 근무 분야에 따라 넓은 범위에 걸쳐 있다. 기업 교육 분야가 고등교육 분야보다 상대적으로 높은 경우가 많으며, 시니어 레벨로 갈수록 연봉 폭은 더 커진다. 한국의 경우 에듀테크 기업, 대기업 HRD 부서, 교육 콘텐츠 기업 등에서 AI 교육 설계자를 채용하고 있으며, 연봉은 경력과 조직에 따라 차이가 크다.

일상적인 업무

AI 교육 설계자의 일상은 다양한 업무로 채워진다. ATD의 연구에 따르면 인스트럭셔널 디자이너는 업무 시간의 절반 이상을 콘텐츠 개발과 교육 프로그램 설계에 사용한다.

요구 분석 단계에서는 학습자의 현재 수준과 목표 수준 사이의 간극을 파악하고, 해당 분야 전문가(SME)와 협력해 교육 내용을 정의한다. 설계 단계에서는 학습 목표를 설정하고, 평가 방법을 결정하며, AI가 어떤 시점에 어떤 개입을 할지 결정하는 의사결정 구조를 설계한다. 개발 단계에서는 실제 콘텐츠를 제작하고 AI 시스템과 연동해 테스트한다. 구현 단계에서는 교육 프로그램을 배포하고 교사나 운영자를 교육한다. 평가 단계에서는 학습 데이터를 분석해 프로그램의 효과를 측정하고 개선점을 도출한다.

AI 교육 설계자가 마주하는 도전

이 직업에는 분명한 도전 과제도 있다. 우선, 기술의 빠른 변화를 따라가야 한다. AI 기술은 매일 발전하고 있으며, 오늘 배운 것이 내일이면 구식이 될 수 있다. 체계적인 AI 활용이 현장에서 요구되고 있는데, 이 변화 속도를 따라가는 것 자체가 이 분야의 숙명이자 도전이다.

또한, 데이터 프라이버시와 윤리 문제를 고려해야 한다. AI가 학습자 데이터를 수집하고 분석하는 과정에서 개인정보 보호 문제가 발생할 수 있다. 국제학술지에 게재된 AI 기반 개인화 학습 시스템 관련 연구들에서는 알고리즘 편향성과 공정성 문제가 공통적인 과제로 지적되고 있다.

무엇보다 AI의 한계를 이해하고 보완해야 한다. AI가 생성한 콘텐츠의 정확성을 검증하고, AI가 놓칠 수 있는 인간적 맥락을 보완하는 것이 AI 교육 설계자의 중요한 역할이다. Khan Academy의 Khanmigo는 교육적 설계를 철저히 반영해 일반 챗봇보다 높은 교육적 평가를 받는 경우가 많은데, 이 차이가 바로 AI 교육 설계자의 역할이 만들어낸 결과다.

AI 교육 설계자의 보람

도전이 있는 만큼 보람도 크다. AI 기반 맞춤형 교육은 모든 학습자에게 양질의 교육을 제공할 수 있는 가능성을 열어준다. Khan Academy 설립자 Salman Khan이 오랫동안 강조해 온 "누구에게나, 어디서나 세계 최고 수준의 교육"이라는 비전을 실현하는 핵심 도구가 바로 AI 교육 설계자가 만드는 시스템이다.

AI가 반복적인 업무를 대신하면 교사는 학생과의 인간적 상호작용에 더 집중할 수 있다. 30명의 학생이 각자 다른 속도로 문제를 풀 때 AI 튜터가 각자에게 맞는 피드백을 제공하고, 교사는 그 빅픽처를 조율하는 구조다.

AI 교육 분야는 하루가 다르게 발전하고 있어 배움을 멈출 수 없다. 이것은 도전이자 동시에 평생 학습자로서의 보람이기도 하다.

AI 교육 설계자로
미래를 살아갈 수 있을까?

시장 성장 전망

글로벌 AI 교육 시장의 성장세는 매우 강하다. Grand View Research를 비롯한 여러 시장조사 기관들이 이 시장의 빠른 성장을 전망하고 있으며, 기관마다 수치는 다소 다르지만 연평균 30~40% 이상의 성장률을 제시하는 경우가 많다. 중요한 것은 구체적인 숫자보다, AI 기반 교육 솔루션을 도입하는 기업과 학교가 전 세계적으로 빠르게 늘고 있다는 방향 자체다.

특히, 아시아-태평양 지역이 가장 빠른 성장을 보일 것으로 전망된다. 중국의 AI 교육 의무화 정책, 인도의 AI 실험실 설치 프로그램, 그리고 한국의 AI 디지털 교과서 도입 등이 이 지역 성장을 이끄는 주요 요인으로 꼽힌다.

한국의 AI 교육 정책

한국은 2025년 3월부터 AI 디지털 교과서를 도입했다. 교육부의 발표에 따르면 2025년에는 초등학교 3~4학년, 중학교 1학년, 고등학교 공통과목의 영어·수학·정보 교과에 AI 디지털 교과서가 우선 적용된다. 당초 국어 교과도 포함 예정이었으나, 학교 현장의 의견을 반영한 로드맵 조정(2024년 11월)으로 적용 교과에서 제외되었다. 2024년 검정심사 결과 12개 출원사에서 제작한 총 76종의 AI 디지털 교과서가 최종 합격했다.

AI 디지털 교과서는 학생 데이터 기반의 맞춤 학습 콘텐츠를 제공하며, 수학 교과에는 AI 튜터링 기능, 영어 교과에는 AI 음성인식 기능을 활용한 말하기 연습, 정보 교과에는 코딩 교육 체험·실습 강화 등이 포함된다. 교육부는 이를 통해 학생들이 학습 수준과 속도에 맞는 배움을 통해 자신감을 갖게 되고, 교사는 학생의 인간적 성장에 더 집중할 수 있게 될 것이라고 밝혔다.

이러한 정책 변화는 AI 교육 설계자에 대한 수요를 크게 높일 것으로 예상된다. AI 디지털 교과서 개발, 교사 연수 프로그램 설계, 학습 데이터 분석 시스템 구축 등 다양한 영역에서 전문가가 필요하기 때문이다.

기술 발전의 방향

AI 교육 기술은 계속 진화하고 있다. 머신러닝·딥러닝·멀티모달 분석을 통합한 AI 시스템이 개별 학습자 프로파일에 맞춰 실시간으로 교육 콘텐츠를 조정하는 방식이 더욱 정교해지고 있다. 2023년 이후 생성형 AI가 교육 현장에 빠르게 도입되면서 Khanmigo(Khan Academy), Duolingo Max 같은 AI 튜터가 등장했고, Microsoft 같은 대형 기술 기업들도 AI 교육 분야 투자를 확대하고 있다.

또한 소형 언어 모델(Small Language Model)의 발전으로 더 낮은 비용에도 비슷한 성능의 AI 교육 솔루션이 가능해지고 있어, 더 많은 학습자에게 AI 교육이 닿을 수 있는 환경이 만들어지고 있다.

AI 교육 설계자의 진화하는 역할

AI 기술이 발전할수록 AI 교육 설계자의 역할도 달라진다. AI가 퀴즈 생성이나 슬라이드 포맷 같은 작업을 자동화할 수 있게 되었지만, 그렇다고 AI 교육 설계자의 역할이 줄어드는 것은 아니다. 오히려 "무엇을 가르칠 것인가", "어떻게 학습자의 마음을 움직일 것인가", "이 교육이 더 넓은 세상과 어떻게 연결되어 있는가"라는 핵심 질문에 답하는 인간의 역할은 더 중요해진다.

L&D(Learning & Development) 업계 리더들을 대상으로 한 다양한 조사에서도, 향후 AI가 개인화 학습 경험 제공에 핵심 역할을 할 것이라는 전망이 일관되게 나온다. 이는 AI 교육 설계자가 AI 도구를 더 똑똑하게, 더 빠르게, 더 효과적으로 활용해 설계하는 방법을 배워야 한다는 의미이기도 하다.

이 직업을 선택해야 하는 이유

AI 교육 설계자는 쉬운 직업이 아니다. 끊임없이 변화하는 기술을 따라가야 하고, 교육학과 기술, 디자인을 융합하는 복합적인 역량이 필요하다. 그럼에도 이 직업을 선택할 가치가 있는 이유가 있다.

다음 세대가 어떻게 배울 것인지를 설계하는 역할이기 때문이다. AI가 인간을 대체하는 것이 아니라 인간의 잠재력을 확장하는 도구가 되도록 설계하는 것이 AI 교육 설계자의 철학이다. 그리고 앞서 살펴본 것처럼 글로벌 수요는 지속적으로 증가하고 있다.

맞춤형 AI 선생님을 만드는 교육 혁명가

지금까지 AI 교육 설계자에 대해 알아보았다. 이제 이 직업을 향해 나아가기 위한 구체적인 로드맵을 살펴보자.

Step 1: 기초 역량 쌓기(중학교~고등학교)

AI 교육 설계자가 되기 위한 첫 걸음은 기초 역량을 쌓는 것이다. 이 단계에서 집중할 영역은 세 가지다.

먼저 학습에 대한 이해를 넓혀라. 스스로 어떻게 배우는지 관찰해 보자. 어떤 방식으로 공부할 때 가장 효과적인가? 시각적 자료? 반복 연습? 토론? 자신의 학습 과정을 메타인지적으로 분석하는 습관이 훗날 다른 사람의 학습을 설계할 때 큰 도움이 된다.

다음으로 디지털 기술에 친숙해져라. 코딩의 기초를 배우고, 다양한 디지털 도구를 사용해 보자. Python, Scratch 같은 프로그래밍 언어를 익히고, 프레젠테이션 도구, 영상편집 도구 등을 활용해 콘텐츠를 만들어 보는 경험이 중요하다.

마지막으로 가르치는 경험을 쌓아라. 친구나 동생에게 공부를 가르쳐 보거나, 동아리에서 발표를 해보자. 남을 가르치면서 "어떻게 설명해야 이해가 잘 될까?"를 고민하는 것이 인스트럭셔널 디자인의 시작이다.

Step 2: 전문 교육 받기(대학교)

대학에서는 AI 교육 설계자로서의 전문성을 기를 수 있는 전공을 선택해 보자. 한국에서 고려할 수 있는 관련 전공으로는 교육공학과, 교육학과, 컴퓨터교육과, AI융합교육학과, 교육콘텐츠학과, 미디어커뮤니케이션학과 등이 있다.

복수전공이나 부전공도 적극 활용하자. 교육학 전공에 컴퓨터공학 부전공, 또는 심리학 전공에 교육공학 복수전공 같은 조합이 AI 교육 설계자에게 유리하다.

대학 시절 반드시 경험해야 할 것들이 있다. 인턴십-에듀테크 기업, 기업 HRD 부서, 교육 콘텐츠 기업에서 실무 경험을 쌓자. 프로젝트-실제로 이러닝 콘텐츠를 기획하고 제작하는 프로젝트에 참여하자. 학회 및 연구 – 한국교육공학회, 한국에듀테크산업협회 등의 학술대회나 세미나에 참여해 최신 트렌드를 파악하자.

Step 3: 전문 역량 개발(취업 준비~초기 경력)

취업 준비 단계에서는 포트폴리오가 가장 중요하다. 경력 초기 단계라도 포트폴리오를 보유한 경우 그렇지 않은 경우보다 연봉 협상에서 유리한 경향이 있다는 것은 업계에서 잘 알려진 사실이다.

포트폴리오에 포함할 내용으로는 요구 분석 보고서 샘플, 학습 목표 및 평가 계획서, 스토리보드 또는 학습 설계 문서, 실제 개발한 이러닝 콘텐츠(영상, 인터랙티브 모듈 등), 프로젝트 결과 분석 및 개선 사례 등이 있다.

자격증도 취득하자. ADDIE 모델에 대한 깊은 이해를 보여주는 인스트럭셔널 디자인 자격증, Articulate Storyline · Adobe Captivate 등 이러닝 저작 도구 활용 능력 인증, AI 관련 기초 자격증(구글 AI 자격증, Microsoft AI Fundamentals 등)이 도움이 된다.

Step 4: 커리어 성장(경력 개발)

AI 교육 설계자로서 커리어를 쌓아가면서 다양한 방향

으로 성장할 수 있다. 전문가 경로에서는 특정 분야(언어 교육 AI, STEM 교육 AI, 기업 교육 AI 등)의 전문가로 깊이를 쌓을 수 있다. 관리자 경로에서는 팀 리더, L&D 매니저, 최고학습책임자(CLO) 등 조직의 학습 전략을 이끄는 역할로 성장할 수 있다. 창업가 경로에서는 자신만의 에듀테크 스타트업을 창업하거나 프리랜서 컨설턴트로 독립할 수도 있다.

실전 프로젝트: 나만의 AI 학습 경험 설계해 보기

지금 바로 시작할 수 있는 프로젝트를 해보자.

주제 선정 단계에서는 자신이 잘 아는 분야(영어 단어 학습, 수학 개념 이해, 역사 연대기 등)를 선택한다.

학습자 분석 단계에서는 대상 학습자(예: 중학교 1학년, 영어 초급자)를 정의하고 그들의 현재 수준과 목표 수준을 파악하며, 어떤 방식으로 배우는 것을 선호하는지 분석한다.

학습 목표 설정 단계에서는 구체적이고 측정 가능한 목표를 설정한다. 예를 들어 "이 학습을 마친 후, 학습자는 일상 대화에서 자주 사용되는 영어 단어 50개를 듣고 의미를 말할 수 있다"처럼 설정한다.

AI 개입 지점 설계 단계에서는 AI가 언제 개입할지 결정한다. 학습자가 3번 연속 오답을 내면 힌트를 제공하거나,

학습 속도가 빠른 학습자에게 심화 문제를 제시하거나, 오랫동안 접속하지 않은 학습자에게 학습 독려 메시지를 발송하는 것 등이 포함된다.

프로토타입 제작 단계에서는 간단한 도구(PowerPoint, Canva, 또는 무료 이러닝 도구)를 사용해 학습 콘텐츠 샘플을 만들어 본다.

피드백 및 개선 단계에서는 친구나 가족에게 테스트해보고 피드백을 받아 개선한다. 이 경험 자체가 인스트럭셔널 디자인의 본질이다.

미래의 AI 교육 설계자에게 전하는 말

AI 교육 설계자는 기술과 교육, 인간에 대한 이해가 모두 필요한 융합형 직업이다. 이 길은 쉽지 않지만, 그만큼 보람도 크다. 소크라테스가 교육이란 그릇을 채우는 것이 아니라 불꽃을 밝히는 것이라고 했듯이, AI 교육 설계자의 역할은 AI를 통해 모든 학습자 안의 불꽃을 밝히는 것이다.

AI 시대에 "선생님, 저는 왜 이걸 배워야 해요?"라는 질문에 대한 답은 더 이상 하나가 아니다. AI 교육 설계자는 30명의 학생에게 30가지 다른 이유와 방식으로 배움의 의미를 전달할 수 있는 시스템을 설계한다. 이것이 바로 모두를 위한 맞춤교육의 실현이며, AI 교육 설계자가 만들어갈 교육의 미래다.

　당신도 이 교육 혁명의 설계자가 될 수 있다. 지금부터
한 걸음씩 나아가 보자.

　당신도 이 교육 혁명의 설계자가 될 수 있다. 지금부터
한 걸음씩 나아가 보자.

부록

부록 1.
AI 관련 학과 및 교육 기관

1.1 국내 주요 AI 대학원(과기정통부 지정 인공지능대학원 대표 예시)

과학기술정보통신부(과기정통부)는 2019년부터 인공지능대학원 지원사업을 통해 대학원을 지정·지원하고 있습니다. 2024년 기준 총 12개 이상의 대학이 선정되어 있으며, 아래는 대표적인 예시입니다. 최신 선정 현황은 인공지능대학원협의회 공식 사이트(aigs.kr)에서 확인하세요.

대학원	특징	웹사이트
KAIST 김재철 AI대학원	AI 원천기술 연구, 산학협력 강화	gsai.kaist.ac.kr
POSTECH 인공지능대학원	AI+헬스케어 융합 연구 특화	ai.postech.ac.kr

대학원	특징	웹사이트
고려대 AI대학원	AI 산업연계 프로젝트 중심	ai.korea.ac.kr
성균관대 인공지능대학원	딥러닝 전문 커리큘럼	ai.skku.edu
연세대 인공지능대학원	컴퓨터비전, NLP, 로보틱스 연구	ai.yonsei.ac.kr
서울대 인공지능대학원	협동과정 운영, 융합 연구 중심	gsai.snu.ac.kr
한양대 인공지능대학원	산업밀착형 AI 융합인재 양성	nextai.hanyang.ac.kr
중앙대 AI대학원	AI+미디어, AI+경영 융합 트랙	aigs.cau.ac.kr
GIST 인공지능대학원	AI+헬스케어·모빌리티 융합	ai.gist.ac.kr

출처: 인공지능대학원협의회(aigs.kr), 각 대학원 공식 웹사이트 (2025년 기준, 선정 현황은 변동 가능)

1.2 학부 AI 관련 학과

2020년 가천대학교가 AI 관련 학부 학과를 처음 신설한 이후 전국 대학으로 빠르게 확산되었습니다. 2025년 기준 AI 관련 학과를 운영하는 대학은 전국 100개교 이상으로 추산됩니다.

지역	대학/학과	특징
서울	연세대 인공지능학과, 고려대 AI융합학부	원천기술 연구, 산학협력
	이화여대 인공지능융합전공, 한양대 AI학과	여성 AI 인재, 공학 융합
	국민대 AI빅데이터융합경영학과	AI+경영 융합

지역	대학/학과	특징
경기	성균관대 글로벌융합학부 AI융합전공	글로벌 인재 양성
	가천대 AI · 소프트웨어학부(국내 최초 AI 학부 신설, 2020)	선구적 AI 학부 교육
지방	부산대 AI융합학과, 경북대 인공지능학과	지역 거점 AI 인재 양성
	전북대 컴퓨터인공지능학부, 충남대 AI학과	국가 연구과제 참여 기회

출처: 교육부 · 각 대학 공식 웹사이트(2025년 기준)

1.3 관련 학과 추천

AI 분야 진출을 위해 다음 학과들도 좋은 선택이 될 수 있습니다.

컴퓨터공학과/소프트웨어학과: AI 개발의 기초가 되는 프로그래밍과 알고리즘

데이터사이언스학과: AI의 핵심인 데이터 분석 및 머신러닝

통계학과/수학과: AI 알고리즘의 수학적 기반

전자공학과: 하드웨어 AI, 반도체 설계

인지과학과/심리학과: 인간 지능 이해 기반 AI 설계

융합 전공(AI+의료, AI+법률, AI+교육 등): 도메인 전문성과 AI 결합

부록 2. 청소년이 참여할 수 있는 AI 대회 및 프로그램

2.1 주요 경진대회

대회명	대상	시상	특징
한국정보올림피아드 (KOI)	초·중·고등학생	대상, 금·은·동상	알고리즘 실력 경쟁, 국제 정보올림피아드(IOI) 진출 기회
AI Youth Challenge (포스코DX)	중·고등학생 (2~3인 팀)	교육부장관상 등	AI 활용 산업 문제 해결, 전문가 멘토링 제공
청소년 AI 콘텐츠 경진대회	중·고등학생	문화체육관광부장관상 등	AI 활용 영상 콘텐츠 제작
대한민국SW교육 페스티벌	초·중·고등학생	교육부장관상 등	교육부·한국교육학술정보원 주관, SW·AI 작품 전시 및 경연
SW중심대학 디지털 경진대회	대학생	대상 및 기업상	생성형 AI 활용 SW 개발

대회명	대상	시상	특징
DATA · AI 분석 경진대회	대학생·일반	과기정통부 장관상	KISTI 주관, 실제 데이터 분석

출처: 각 대회 공식 홈페이지(2025년 기준, 대회명 · 시상 · 일정은 매년 변동될 수 있음)

2.2 교육 프로그램

프로그램	특징	지원 자격
광주 인공지능사관학교	AI 전문 인력 양성 집중 교육, 무료	일반인 · 취업준비생
AI · SW마에스트로	과기정통부 · IITP 주관, 월 장학금+기기 지원, 국내 최고 멘토링 제공	중학교 졸업 이상, 미취업자(재학생 포함 지원 가능, 세부 조건 확인 필요)
이노베이션 아카데미 42서울	프로젝트 기반 소프트웨어 교육, 동료 학습 방식	만 18세 이상(고3 졸업 예정자 지원 가능)
네이버 커넥트재단 부스트캠프	AI · 웹 개발 집중 교육, 취업 연계	대학생 · 취업준비생

출처: 각 프로그램 공식 홈페이지(2025년 기준, 지원 자격은 기수별로 변경될 수 있으므로 반드시 최신 공고 확인)

부록 3. AI 학습을 위한 온라인 플랫폼

3.1 무료 학습 플랫폼

플랫폼	특징	추천 강좌
K-MOOC	국내 대학 강의 무료 제공, 수료증 발급 가능(학점 인정은 소속 대학별 상이)	KAIST 인공지능 기초, 서울대 머신러닝
Coursera	하버드 · 스탠퍼드 등 명문대 강의(무료 청강 가능, 수료증은 유료)	Stanford Machine Learning, Deep Learning Specialization
edX	MIT · 하버드 공동 설립, 고품질 강좌 제공	하버드 CS50, MIT 데이터사이언스
Khan Academy	완전 무료, AI 튜터 Khanmigo 제공	컴퓨터 프로그래밍, 수학 기초
생활코딩	한국어 코딩 입문 최적, YouTube 무료 강의	웹 개발, Python, JavaScript 기초
Codecademy	인터랙티브 코딩 학습, 기초 과정 무료	Python, SQL, 데이터 분석 입문

출처: 각 플랫폼 공식 웹사이트(2025년 기준)

3.2 AI 실습 플랫폼

플랫폼	특징	URL
Kaggle	데이터 분석 대회 및 학습 자료, 무료 GPU 제공, 전 세계 1000만 명 이상 이용	kaggle.com
Google Colab	무료 클라우드 Jupyter Notebook, GPU/TPU 제공	colab.research.google.com
Hugging Face	100만 개 이상 AI 모델 공개 허브, 무료 강좌 제공	huggingface.co
GitHub	코드 저장소, 포트폴리오 구축 필수 플랫폼	github.com

출처: 각 플랫폼 공식 웹사이트(2025년 기준, 수치는 변동될 수 있음)

3.3 국내 AI 학습 플랫폼

국내에도 한국어 기반의 다양한 AI 학습 플랫폼이 있습니다.

플랫폼	특징	URL
엘리스(Elice)	AI 코딩 교육 플랫폼, 대학·기업 교육 연계	elice.io
데이터리안	데이터 분석·SQL 중심, 실무 강의	datarian.io
모두의 연구소	AI 스터디·프로젝트 커뮤니티, 오프라인 모임	modulabs.co.kr
AI 허브(AIHUB)	과기정통부 운영, 국내 AI 데이터셋 무료 공개	aihub.or.kr

출처: 각 플랫폼 공식 웹사이트(2025년 기준)

3.4 AI 도구 체험하기

다음 AI 도구들을 직접 사용해 보며 AI의 가능성을 탐색해 보세요.

ChatGPT(chat.openai.com): 대화형 AI의 대표 서비스

Claude(claude.ai): Anthropic의 안전 중심 AI 어시스턴트

Midjourney / DALL-E: AI 이미지 생성

Duolingo Max: AI 기반 언어 학습

Runway: AI 비디오 편집 도구

Suno / Udio: AI 음악 생성

부록 4. AI 시대
필수 역량과 공부법

4.1 핵심 역량 체크리스트

역량	설명	학습 방법
수학적 사고력	선형대수, 확률/통계, 미적분은 AI 알고리즘의 기초	Khan Academy 수학, 3Blue1Brown YouTube
프로그래밍	Python 필수, AI 라이브러리 (TensorFlow, PyTorch) 활용	생활코딩, Codecademy, 백준 온라인 저지
데이터 리터러시	데이터 수집, 정제, 분석, 시각화 능력	Kaggle 미니 대회 참여, pandas 학습
논리적 사고력	문제 분해, 알고리즘 설계, 최적화 능력	코딩 테스트 문제 풀이, 정보 올림피아드 준비
영어 능력	최신 AI 논문과 문서 대부분이 영어로 작성됨	AI 관련 영어 논문 읽기, 영어 강좌 수강
협업 능력	팀 프로젝트, 오픈소스 기여, 커뮤니케이션	GitHub 협업, 해커톤 참여, 스터디 그룹

역량	설명	학습 방법
창의적 문제해결	새로운 접근법 탐색, 도메인 지식 융합	사이드 프로젝트, 다양한 분야 독서
AI 윤리 감수성	AI 편향, 개인정보 보호, 책임 있는 AI 활용	AI 윤리 관련 도서 및 강좌 수강

4.2 학년별 학습 로드맵

중학생 (기초 다지기)

수학: 함수, 방정식, 기초 통계 개념 확실히 이해

코딩: Scratch로 시작 → Python 기초 문법 학습

탐색: AI 관련 도서 읽기, AI 도구 직접 체험해 보기

활동: 코딩 동아리 참여, 소프트웨어 교육 캠프 참가

고등학생 (심화 학습)

수학: 미적분, 선형대수, 확률/통계 심화 학습

코딩: Python 알고리즘, 자료구조, 머신러닝 기초

대회: 한국정보올림피아드, AI Youth Challenge 참가

프로젝트: 간단한 AI 프로젝트 만들기(이미지 분류, 챗봇 등)

진로: AI 관련 학과 탐색, 대학 연구실 탐방 및 오픈 캠퍼스 참여

대학생(전문화)

전공: 딥러닝, 자연어 처리, 컴퓨터 비전 등 세부 분야 선택

논문: 최신 AI 논문 읽기(arXiv, Papers with Code)

실무: 인턴십, Kaggle 대회 참여, 오픈소스 기여

포트폴리오: GitHub에 프로젝트 정리, 기술 블로그 운영

대학생(전문화)

전공: 딥러닝, 자연어 처리, 컴퓨터 비전 등 세부 분야 선택

논문: 최신 AI 논문 읽기(arXiv, Papers with Code)

부록 5. 나만의 AI 진로 로드맵 만들기

아래 양식을 활용하여 자신만의 AI 진로 계획을 세워 보세요.

5.1 자기 탐색

◆ 내가 AI에 관심을 갖게 된 계기는?

____

____

____

◆ 내가 잘하는 것 / 좋아하는 것은?

____

____

◆ 관심 있는 AI 분야 (복수 선택 가능):

□ AI 개발/연구 □ AI 의료 □ AI 교육 □ AI 금융

□ AI 예술/창작

□ AI 로봇/자율주행 □ AI 게임 □ AI 비즈니스 □ AI 윤리/정책 □ 기타: ______

5.2 목표 설정

기간	구체적 목표
1개월	
6개월	
1년	
3년	
5년	

5.3 실행 계획

◆ 이번 주에 시작할 한 가지:

◆ 참여하고 싶은 대회/프로그램:

◆ 수강할 온라인 강좌:

부록 6.
AI 용어 사전

AI 분야에서 자주 사용되는 핵심 용어들을 정리했습니다.

6.1 기초 용어

용어	설명
인공지능(AI)	인간의 학습, 추론, 지각, 자연어 이해 등을 컴퓨터로 구현한 기술
머신러닝(ML)	데이터를 통해 패턴을 학습하고 예측하는 AI의 하위 분야
딥러닝(DL)	인공신경망을 활용한 머신러닝의 하위 분야, 복잡한 패턴 학습에 강함
알고리즘	문제를 해결하기 위한 단계별 절차나 규칙의 집합
데이터셋	AI 모델 학습에 사용되는 데이터의 집합
모델	데이터로부터 학습된 패턴을 담고 있는 수학적 구조

용어	설명
학습(Training)	데이터를 통해 모델의 파라미터를 조정하는 과정
추론(Inference)	학습된 모델을 사용해 새로운 데이터에 대해 예측하는 과정

6.2 심화 용어

용어	설명
신경망 (Neural Network)	인간 뇌의 뉴런 구조를 모방한 알고리즘, 딥러닝의 기반
자연어 처리(NLP)	컴퓨터가 인간 언어를 이해하고 생성하는 AI 분야
컴퓨터비전(CV)	컴퓨터가 이미지와 영상을 이해하고 분석하는 AI 분야
생성형 AI (Generative AI)	텍스트, 이미지, 음악 등 새로운 콘텐츠를 생성하는 AI(예: ChatGPT)
대규모 언어 모델 (LLM)	방대한 텍스트 데이터로 학습된 언어 이해/생성 모델 (예: ChatGPT, Claude)
프롬프트 엔지니어링	AI에게 원하는 결과를 얻기 위해 효과적인 질문/지시를 설계하는 기술
파인튜닝 (Fine-tuning)	사전 학습된 모델을 특정 목적에 맞게 추가 학습시키는 것
강화학습(RL)	시행착오를 통해 보상을 최대화하는 행동을 학습하는 방법
트랜스포머	어텐션 메커니즘 기반 신경망 구조, 현대 LLM의 핵심 아키텍처
GPU	병렬 연산에 특화된 프로세서, AI 학습에 필수적인 하드웨어
멀티모달 AI	텍스트 · 이미지 · 오디오 등 여러 유형의 데이터를 동시에 처리하는 AI

용어	설명
검색 증강 생성 (RAG)	외부 데이터베이스를 검색해 AI 응답의 정확성을 높이는 기법

6.3 직업 관련 용어

용어	설명
데이터 사이언티스트	데이터를 분석하여 비즈니스 인사이트를 도출하는 전문가
ML 엔지니어	머신러닝 모델을 개발하고 서비스에 배포하는 엔지니어
MLOps	ML 모델의 배포 · 모니터링 · 관리를 자동화하는 업무/시스템
AI 교육 설계자	AI 기술을 활용한 맞춤형 학습 경험을 설계하는 전문가
AI 윤리 전문가	AI 시스템의 공정성 · 투명성 · 책임 있는 사용을 연구하는 전문가
프롬프트 엔지니어	생성형 AI와 효과적으로 소통하기 위한 프롬프트를 설계하는 전문가
AI 레드티머	AI 시스템의 취약점과 위험을 사전에 테스트하는 전문가